DREAM

으로 승부하라

D·R·E·A·M으로 승부하라

초판 1쇄 인쇄 _ 2021년 11월 5일
초판 1쇄 발행 _ 2021년 11월 10일

지은이 _ 이승율

펴낸곳 _ 바이북스
펴낸이 _ 윤옥초
기획 _ (주)엔터스코리아 책쓰기브랜딩스쿨
책임 편집 _ 김태윤
책임 디자인 _ 이민영

ISBN _ 979-11-5877-270-3 03190

등록 _ 2005. 7. 12 | 제 313-2005-000148호

서울시 영등포구 선유로49길 23 아이에스비즈타워2차 1005호
편집 02)333-0812 | 마케팅 02)333-9918 | 팩스 02)333-9960
이메일 postmaster@bybooks.co.kr
홈페이지 www.bybooks.co.kr

책값은 뒤표지에 있습니다.

책으로 아름다운 세상을 만듭니다. — 바이북스

미래를 함께 꿈꿀 작가님의 참신한 아이디어나 원고를 기다립니다.
이메일로 접수한 원고는 검토 후 연락드리겠습니다.

DREAM

으로 승부하라

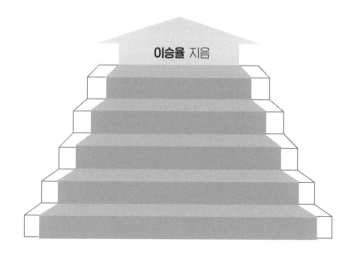

이승율 지음

바이북스
ByBooks

꿈으로 창조하고
소명으로 완성하는 삶

열심히 달려오던 그 길에서 문득 '여기는 어딘가?', '나는 지금 어디에 있는가?'라는 의문이 들 때가 있다. 분명한 목적지 없이 무작정 달려가거나 남의 뒤통수만 쫓아가다가 불현듯 자신의 삶에 혼란이 찾아온 것이다. 행복을 바라며 최선을 다한 하루하루를 살아왔건만 어쩐 일인지 행복은 점점 더 멀어지는 듯하다.

나 또한 그랬다. 나는 마흔셋이라는 늦은 나이에 비로소 간절히 이루고 싶은 꿈을 찾고, 이전과는 전혀 다른 삶의 행복감과 기쁨을 알게 되었다. 이전까진 그저 남들처럼 세속적인 성공에만 매몰돼 있었다. 내 사업을 성공으로 이끌고 가족들을 더 풍요롭게 하는 것이 내 삶의 최대 목표이자 행복이라 여겼다. 남에게 피해를 주지 않고 올바르고 정당하게 산다면 나름 괜찮은 인생이라 생각했다. 그런데 삶의 진정한 행복과 성공은 개인의 성취를 뛰어넘는, 더 큰 가치와 목적을 추구할 때 비로소 얻어지는 것이다.

사업적 성공과 부와 명예, 내 가족의 평온도 분명 삶에 있어 중요한 가치이자 목적이다. 그러나 우리의 삶은 '나'라는 제한된 울타리를 넘어서는 더 크고 소중한 가치가 있고, 그 위대한 가치를 추구함으로써 진정 벅차오르는 행복감과 기쁨을 맛볼 수 있다. 다음 세대 교육과 창업지원, 구제 등의 사역 현장, 그리고 강연이나 토론, 멘토링 등의 활동에서 만나는 많은 이들에게 나는 내가 깨달은 참된 삶의 가치와 꿈의 소중함, 그리고 그것을 통해 얻게 되는 진정한 행복에 관해 이야기해준다.

가치 있고 행복한 삶을 살아가는 길은 이 책의 제목인 《D·R·E·A·M으로 승부하라》는 문장 안에 상징적으로 담겨 있다. 'DREAM'은 글자 그대로 꿈을 의미하기도 하지만 꿈을 통해 이루어갈 진정한 성공과 행복, 그리고 그것에 이르는 방법까지 포함된 단어이다. 또한 'DREAM'은 개인의 성취나 목표를 넘어 시대와 역사의 변화를 이끌어가는 소명과 비전으로서의 의미도 크다. 마틴 루서 킹^{Martin Luther King} 목사가 미국 사회의 흑백갈등을 뛰어넘어, 전 인류사회에 자유와 평등의 진보를 이끌어가는 굵직한 메시지로 던진 "I have a dream." 역시 이러한 소명과 사명감으로서의 'D·R·E·A·M'이었다.

좀 더 구체적으로 그 의미를 살펴보자면, 우선 《D·R·E·A·M으로 승부하라》의 첫 글자인 'D'는 'Design'을 의미한다. 그 누구도 아닌 나의 삶이기에 다른 이의 삶을 따라가거나 흉내 내는 것이 아닌, 나만의 창조적인 도전을 통해 삶을 완성해나가야 한다. 무엇을 잘하고 좋아하는지, 무엇을 할 때 기쁨과 행복감을 느끼는지를 끊임없이 묻고 답하며 분명한 자신만의 꿈을 찾고, 그 꿈과 삶을 조화롭게 결합해야 한다.

삶을 디자인하지 않고 그저 주어진 하루하루를 살아간다는 것은 목적지 없이 이리저리 떠도는 항해와 다를 바 없다. 행복한 삶을 바랐으나 결국엔 돈만 좇는 불행한 시간이 이어질 수도 있고, 존경받는 삶을 바랐으나 비난받고 외면당하는 시간이 이어질 수도 있다. 열심히 달려간 그 끝에서 전혀 엉뚱한 결과와 만나지 않으려면 출발에 앞서 자신의 꿈을 찾고, 그 꿈으로 삶을 창조적으로 디자인해야 한다.

두 번째 글자인 'R'은 'Relationship'을 의미한다. 나의 꿈과 삶은 나 혼자만의 것이 아니다. 인간은 타인과 끊임없이 연결되고 상호작용하며 자신을 완성해간다. 꿈과 삶도 마찬가지다. 나의 꿈이고 나의 삶이지만 타인과의 관계를 통해 에너지를 주고받으며 서로의 꿈을 이루게 해주고 삶을 더욱 성장시켜준다. 사람과 사람의 관계는 물론이고 여러 국가와 민족, 훌륭한 역사적 인물, 아직 만나지 못한 먼 후대 사람들과의 관계, 그리고 종교적 절대자와의 관계까지 나와 연결된 모든 이들과의 관계를 통해 삶을 완성해간다. 꿈은 나로부터 출발하지만 나를 넘어 우리에 이르는 것이기에 늘 함께하는 이와 공동체에 대한 애정과 배려를 잊지 않아야 한다.

세 번째 글자인 'E'는 'Effect'를 의미한다. 나의 꿈을 이루고 삶을 완성해가는 과정에서 우리는 타인에게 긍정적인 에너지를 전하고, 나아가 선한 영향력을 끼쳐야 한다. 타인은 경쟁하거나 이용하는 대상이 아닌 함께 발전하며 더 나은 세상을 만들어가는 운명공동체이다. 가정과 직장 등 나의 울타리 안에서 모범이 되는 삶을 사는 것은 물론이고 그 너머의 이웃과 국가, 인류, 후대를 위한 공존과 상생의 가치를 실천한다면 서로를 발전시키는 선한 영향력이 생겨나 진정한 윈-윈의 결과를 창출할 수 있다.

네 번째 글자인 'A'는 'Aim'를 의미한다. 목적이 이끄는 삶, 그리고 목표를 이루는 삶이 되어야 한다. 누군가 내게 "왜 사는가"를 물으면 주저 없이 대답할, 삶의 분명한 목적이 있어야 한다. 그것은 내 삶의 의미, 내 삶의 가치와도 같은 말일 것이다. 삶의 분명한 목적은 고난과 역경을 이겨내는 큰 힘이 된다. 또 그것을 이루기 위한 세부적인 목표는 그 어떤 상황에서도 전진의 걸음을 이어갈 수 있도록 하는 훌륭한 자극제가 된다.

다섯 번째 글자인 'M'은 'Mission'을 의미한다. 나는 수많은 사람 중 한 명에 불과하지만, 분명 '나'로 이 세상에 태어난 특별한 의미가 있을 것이다. 100년 가까운 시간을 이 세상에 머물며 '나'로서 해야 할 일,

그것이 바로 내게 주어진 '소명'이다. 가족 구성원으로서의 나, 직업인으로서의 나, 사회 구성원으로서의 나, 그리고 수많은 사람 사이의 나는 분명 '나'로서의 역할이 있고, 우리는 그것을 소명으로 받아들이며 사명감 있게 해내야 한다. 더구나 하나님의 부르심에 대응하는 삶은 얼마나 크고 위대한 미션인가!

'D·R·E·A·M'의 큰 줄기인 Design, Relationship, Effect, Aim은 결국 하나의 Mission으로 묶어진다. 나를 넘어 더 큰 공동체를 생각하는 원대한 꿈과 목적을 품고, 창조적 도전과 노력으로 스스로 희망을 만들고 선한 영향력을 미치는 삶. 그리고 그것을 내게 주어진 소명으로 여기며 사명감 있게 완성해나가는 삶. 이러한 'D·R·E·A·M'의 정신이 우리 가슴에서 굳건하게 중심을 잡아준다면 이루지 못할 꿈이 없고, 성취하지 못할 목표가 없다.

가정이나 직장 등 나의 울타리를 탄탄하게 구축하는 것이 최우선 과제인 청년들에게 '나'를 넘어 '우리'를 품으며 더 큰 가치를 추구하라는 말이 다소 낯설게 들릴 수 있다. 그러나 나를 허물고 모두 안에서 더 큰 꿈을 품고 더 위대한 목적을 향해 두려움 없이 나아간다면 분명 내 말에 고개를 끄덕이게 될 것이다. 모두를 위한 삶이 결국 나를 위한 삶이며, 나 개인의 꿈과 목표만을 위하던 삶보다 더 큰 성취와 감사가 주어짐을 알게 될 것이기 때문이다. 나 또한 그런 삶을 살아가고 있으며, 삶의 곳곳에서 매번 놀라운 감사를 경험하고 있다.

이 책에 담긴 'D·R·E·A·M'의 메시지가 독자들에게 큰 울림을 전하며, 부디 모두가 삶의 진정한 성공을 통해 더 큰 기쁨과 행복을 맛보게 되길 기도한다.

차례

Design

창의력 아름다운 삶의 디자인

Design

그 누구의 것도 아닌,
나의 꿈을 찾아라.

그래야 나의 삶을 살 수 있다.
간절히 원하는 꿈을 찾고,
그 꿈으로 나의 삶을 디자인하자.
그리고

창조적 도전과 노력으로
꿈을 이루고 삶을 완성해보자.

괜찮다, 누구나 헤맨다

―――
―――
―――
―――
―――

"인생은 가까이에서 보면 비극이지만 멀리서 보면 희극이다."

세계적인 희극배우이자 영화감독인 찰리 채플린이 한 말이다. 현재의 시간이 슬프고 힘겹더라도 훗날에 그 시간과 멀리 떨어져서 바라보면 인생은 행복이고 기쁨일 수 있다. 설령 불행한 기억이 완벽하게 행복으로 바뀔 순 없을지라도 그 안에서 작은 깨달음이라도 얻었다면 그 또한 감사하고 행복한 일이다.

나는 스물여덟의 늦은 나이에, 한 아이의 아버지가 되고서야 대학에 입학했다. 중학교를 수석으로 입학했으니 공부 머리가 없던 것도 아니다. 대학에 떨어지고 삼수까지 했으니 대학 진학에 뜻이 없거나 찢어지게 가난했던 것도 아니다. 일흔이 넘은 지금, 그때를 회상하며 '잃어버린 10년'이라는 표현을 할 정도로 나는 스무 살의 고비를 넘어가던 10년의 세월 동안 세차게 방황하고 헤맸다.

인생의 완벽한 답을 알고 거침없이 앞으로만 나아가는 이가 있을까? "이번 생은 처음이라"는 말처럼 우리는 모두 삶에 초행이고, 처음 만나는 미지의 그 길에서 수없이 헤매고 흔들린다. 그렇게 넘어지고 헤매면서 길을 찾는 것이 인생이다.

최고로 비극적인 시간이라 여겼던 그때도 결국 내 삶을 행복하고 즐거운 희극으로 만들어가는 하나의 과정일 뿐이었다. 나는 늦게라도 '잃어버린 10년'의 비극을 헤쳐나왔고, 감사한 깨달음으로 그 시간을 삶에 녹이며 희극을 완성해가고 있다.

잃어버린 10년

금수저를 물고 태어나 명문고와 명문대를 졸업하고, 모두가 부러워하는 위치에 오르는 이도 있을 것이다. 그러나 그 소수의 사람이 우리의 롤모델이거나 삶의 모범답안일 필요는 없다. 그들처럼 되지 못한다고 해서 나의 노력이나 삶을 깎아내릴 이유는 더더욱 없다. 나는 나만의 속도로 나만의 길을 가면 된다.

비극의 시간에 갇혀 살던 그때, 나 역시 타인의 기준과 속도에 연연하며 나를 채찍질했다. 배움에 대한 열의도 넘치고 자신감도 충만하던 때에 바라던 명문 중학교에 가지 못한 것이 '잃어버린 10년'을 불러온 시발점이 되었다. '이중응시 탈락'의 규정에 걸린 것이었는데, 이유가 무엇이었든 나로서는 처음으로 맞는 실패였기에 자존심이 크게 상했다.

어쩔 수 없이 후기 모집을 하는 중학교에 응시해 수석 합격까지 했으나 무너진 자존심은 쉽게 회복되지 않았다. 이상과 현실의 괴리에서 오는 혼돈의 시간이 겹쳤다. 바라던 것이 이루어지지 않자 패배감과 좌절감에 힘들어했고, 성격까지 변해갔다. 내 안의 알 수 없는 불길을 쏟아내느라 불량서클에 가입해 집단 패싸움을 벌이기도 하고, 건강에 나쁘다는 담배도 보란 듯이 피워댔다. 그나마 다행인 것은 공부에 대한 열정과 욕심은 있었기에 지역 최고의 명문고에 진학할 성적은 유지하고 있었다.

고등학교에 진학한 후에도 방황은 이어졌다. 대구 경북 지역의 대학생들이 주축이 된 계몽단체에 들어가 독재정치에 항거했고, 철학과 인문학 서적을 탐독하며 시대를 변화시키는 사회사상가의 꿈을 키워나갔다. 아이에서 어른이 되어가는 과도기적 시기에 개인을 넘어 이웃과 국가를 염려하는 더 큰 생각이 자라난 이유도 있겠으나 여전히 중학교 입시 좌절의 응어리가 남아 있었던 탓도 크다. 이러한 내면의 흔들림은 결국 대학 진학의 걸림돌로 작용했고, 나는 대학 입시에서 결국 두 번이나 고배를 마셔야 했다.

청소년 시기를 지나며 질풍노도의 시간을 보내기는 했으나 나름의 야망도 있었고 뭐든 해낼 자신도 있었다. 그런데 바라던 대학에 두 번이나 떨어지고 삼수의 길로 접어들었을 때 너무나 가슴 아프고 충격적인 사건을 겪게 됐다. 함께 하숙했을 정도로 친했던 친구가 갑작스럽게 유명을 달리한 것이다. 스물두 살, 가장 힘차게 꽃을 피워 올릴 그 푸르디푸른 나이에 친구는 실연의 슬픔을 견디지 못하고 스스로 생을 마감했다. 가뜩이나 거칠게 흔들리던 그때, 나는 친구의 느닷없는 부고에 한동안 주체할 수 없는 혼돈에 빠졌고, 도망치듯 군에 자원입대했다.

10년여의 긴 시간을 헤매며 혼란의 터널에서 빠져나온 후에야 나는 비로소 알게 됐다. 인생은 숨을 헐떡이며 빨리 뛰어야 하는 단거리 경주가 아닌, 긴 호흡으로 오래도록 걸어야 하는 긴 여행임을. 그 길에서 돌부리에 걸려 넘어질 수도, 왔던 길을 다시 돌아나와야 할 수도, 심지어 길을 잃고 오랜 시간 헤맬 수도 있다. 그 모든 것이 인생이란 여행길의 참 재미이며 감사한 가르침임을, 나는 조금 오래 헤맨 후에야 알게 됐다.

오후 늦게 나타난 나

언젠가 여행길에 들른 대나무 숲에서 그 은은한 향기와 하늘을 찌를 듯한 웅장함에 크게 감탄한 적이 있다. 대나무는 그 종류만도 1,200여 종이고, 평균 키가 10층 빌딩의 높이에 달해 30m 정도나 된다고 한다. 엄밀히 따지자면 나무도 아닌 풀이 그토록 높고 단단하게 자라주니 신기하기도 하고 대견하기도 하다.

대나무는 오랜 시간에 걸쳐 뿌리를 내리는 식물로 유명한데, 특히 중국에 서식하는 '모소 대나무'는 씨앗을 뿌리고 싹을 틔우기까지 처음 몇 년은 1년에 1cm도 자라지 않을 정도로 성장이 더디다. 그러나 이 시기에 모소 대나무는 땅속에서 사방팔방으로 100m도 넘게 뿌리를 뻗어간다. 그러다 5년째가 되는 해에 단 6주 만에 15m까지 자랄 정도로 급격하게 성장하고, 이후에도 성장을 이어간다. 오랜 기간 성실하게 뿌리를 만들어둔 덕분에 가느다란 몸통에도 불구하고 하늘을 향해 힘껏 자신을 키워가는 것이다.

내 삶의 '잃어버린 10년'도 모소 대나무의 오랜 뿌리 내림의 시간처럼 이후의 삶을 더 건강하고 힘차게 살아가기 위한 준비 기간이었음이 분명하다. 세상의 모든 아름다운 꽃들이 같은 날 같은 시간에 꽃봉오리를 터뜨리는 것이 아니듯이 사람도 저마다 피어나는 때가 다르다. 빨리 자신의 길을 찾고 능력을 펼치는 이도 있겠으나 나처럼 헤매고 흔들리는 시간을 지나고 조금 늦게 길을 찾는 이도 있다.

10년이 넘는 긴 세월을 헤매며 돌아오느라 늦어졌지만, 그나마 인생 후반전에서는 나름대로 뜻있는 삶을 살고 있다. 나는 40년 넘게 건설업에 종사하는 기업가이자 서울 참포도나무병원의 이사장이다. 그리고 중국의 연변과학기술대학^{이하 연변과기대}과 북한의 평양과학기술대학^{이하 평양과기대}의 대외부총장을 역임한 교육가이며, 한국기독실업인회^{CBMC} 중앙회장을 역임한 제법 이름 있는 기독교인이기도 하다. 이런 지금의 나의 자리를 만들기까지 나는 많이 헤맸고, 많이 늦었다. 특히 기독교인으로서 종교적 신념과 철학을 갖추기까진 더 많은 시간이 걸렸다.

유교와 불교의 가풍을 이어받고 자란 나는 스물여덟의 늦은 나이에 대학에 들어가며 불교철학을 전공했다. 종교적 신념이라기보단 그저 10년 가까이 방황했던 나의 자아를 찾고 궁극의 진리를 탐구해보고자 불교철학을 선택한 것이다. 이후 대학원에 진학해서도 나는 불교철학을 전공하며, 삶에 끝없는 화두를 던졌다.

이런 나와는 달리 아내와 내 아이들은 모태 신앙의 독실한 기독교인이다. 고1 때 만난 아내는 25년간 나를 하나님의 곁으로 인도하려 노력했고, 아이들 역시 내게 하나님의 존재를 전하려 했으나 나는 한 귀로 듣고 한 귀로 흘렸다. 어느새 세 아이의 아버지이자 가장이 된 나는 더는 불교나 유교, 기독교 등의 형이상학적인 철학이나 신념에 빠져 있을 여유가 없었다. 넘어지지 않기 위해 안간힘을 다해 버텨야 했고, 뒤처지지 않기 위해 힘껏 달려야 했다.

세속적인 성공에만 매달려 살던 내가 우여곡절 끝에 마흔셋이라는 늦은 나이로 하나님을 만나게 됐다. 덕분에 나는 그간 나와 내 가족만을 위해 살던 삶을 이웃과 세상을 향해 더 크게 확장해갈 수 있었다. 나는 30년 가까이 서울을 홈베이스로, 연변과 평양, 베이징과 상하이, 우루무치^{중국}, 타슈켄트^{우즈베키스탄}, 알마티^{카자흐스탄}, 이스탄불^{터키} 등 한반도와 동북아, 그리고 실크로드를 연결하는 자비량 선교사역을 위해 달려왔다. 코스타^{KOSTA - 해외유학생수련회}에 참여하다 보니 자연스럽게 국내 외국인 학생들을 섬기는 국제학생회^{ISF} 설립에까지 발을 들여놓았다. 무엇보다 연변과기대와 평양과기대의 설립과 운영에 참여하면서 한반도와 동북아 평화에 눈을 떠 필생의 선교 비전으로 삼게 됐다.

마흔이 넘어서야 비로소 진정한 내 삶의 길을 찾았으나 조금 늦은 만큼 나는 누구보다 열정적으로 그 길을 걷고 있다. 〈마태복음〉 20장 '포도원의 품꾼' 비유처럼 하나님은 오후 늦게 나타난 나를 똑같이 귀하게 써주셨다.

　굳이 종교적인 관점에서의 해석이 아니더라도, 우리의 삶도 충분히 '오후 늦게 나타난 나'를 귀하게 쓸 수 있다. 어쩌면 늦은 만큼 더 오래도록 귀하고 중요하게 쓰일지도 모를 일이다. 게다가 헤매고 방황했던 그 시간조차 소중한 경험이 되어 값진 약으로 쓰일 것이니 미리 걱정하고 두려워할 이유는 없다.

　분명한 목적지를 정하고 그곳을 향해 거침없이 달려가는 삶도 멋지지만 조금 더 헤맨다고 해서, 조금 더 늦다고 해서 큰일이 나는 것은 아니다. 또 목표로 하는 것을 이루지 못하는 것도 아니다. 음악의 어머니라 불리는 헨델은 48세가 되어서야 명곡을 발표하기 시작했고, 독일의 대문호 괴테는 60세가 넘어서야 창작 활동의 전성기를 보냈고 불후의 명작인 《파우스트》를 82세에 완성했다. 르네상스 시대의 천재 예술가인 미켈란젤로는 생의 불씨가 꺼져가는 90세까지 꾸준히 작품활동을 했다. 어디 그뿐인가. KFC 창업자인 할랜드 샌더스는 60대 중반이 되기까지 이런저런 사업을 하며 실패를 거듭했고, 결국 파산했다. 하지만 포기가 아닌 도전을 선택하며 프랜차이즈 사업을 구상했고, 1,000번이 넘는 거절 끝에 결국 첫 가맹점을 계약하면서 창업할 수 있었다.

세상 가장 아름다운 꽃도 포근한 햇살 아래서만 자라지 않는다. 비와 바람을 맞으며 움츠리고 흔들리는 시간을 보낸다. 그 시간을 지나며 꽃은 가장 아름답고 힘찬 모습을 드러낸다. 그러니 괜찮다. 누구나 헤맨다. 청춘은 그 흔들림마저도 아름답다. 부디 자신을 믿으며 더 긴 시간을 내다보는 담대함으로 나의 길을 가보자. 꿈을 찾고, 그 꿈을 이루기 위한 걸음을 이어간다면 분명 당신의 인생도 멋진 희극으로 장식될 테다.

가장 크고 아름다운 꿈을 품자

———
———
———
———
———

　나는 세계지도를 보는 것을 좋아한다. 멀찍이 떨어져서 온 세계를 한눈에 바라보기도 하고, 관심이 가는 나라나 지역을 좀 더 세세히 들여다보기도 한다. 사무실 책상 앞의 한쪽 벽에 붙여놓은 세계지도를 바라보며 나는 매일 아침 세상을 가슴에 품어본다. 더 큰 꿈을 품고 그것을 향해 나아가기 위해서다.

　삶은 꿈을 닮아간다. 어떤 꿈을 품는지에 따라 우리의 삶도 저마다의 크기와 모양을 갖춰간다. 동네 최고의 가수를 꿈꾸는 이와 우리나라 최고의 가수를 꿈꾸는 이, 그리고 세계 최고의 가수를 꿈꾸는 이 중 더 큰 성취를 할 이는 누구일까? 정답은 없겠으나 아마도 더 큰 꿈을 꾼 이가 더 큰 노력을 할 테니 더 크게 이루지 않았을까 한다.

　이런 이유로, 나는 아이들을 키우면서도 가능한 큰 꿈을 품을 수 있도록 응원해주었다. 누가 들어도 황당하다 싶은 미래를 상상하며 자신의 꿈을 이야기해도 가능한 맞장구를 쳐주고 믿어주었다. 미래는 그 누구도 알 수 없거니와 꿈은 온전히 자신만의 것이기에 우리에겐 가장 크고 아름다운 꿈을 품을 권리가 있다.

세계적인 비즈니스 컨설턴트인 브라이언 트레이시Brian Tracy는 자수성가한 백만장자들의 최고 성공 비밀로 '큰 꿈'을 꼽는다. 그는 돈과 시간, 인맥, 재능, 교육 등 모든 것을 무한하게 가졌다고 생각하고 큰 꿈을 꾸라고 강조한다. 그것이 바로 세계 최고 부자들의 공통점이란 것이다.

백만장자와 같은 물질적인 부자를 꿈꾸지 않더라도 그 어떤 꿈이든 자신의 한계를 생각하며 미리부터 그릇을 정해서는 안 된다. 과거의 나와 현재의 내가 다르듯이 5년 뒤, 10년 뒤의 나의 능력과 환경이 어떻게 변할지는 아무도 모를 일이다. 게다가 미래의 환경 또한 나의 의지와 노력으로 충분히 긍정적으로 변화시킬 수 있기에 큰 꿈을 품고 그것을 이루기 위해 최선을 다하면서 선순환의 물결을 일으켜야 한다.

세계가 무대다, 무한한 꿈을 품자

미켈란젤로는 "가장 위험한 일은 목표를 너무 높게 잡아 달성하지 못하는 것이 아니라, 목표를 너무 낮게 잡아 딱 그 정도에만 도달하는 것"이라고 했다. 이루고 못 이루고는 나중의 일이니 우선은 가장 크고 아름다운 꿈부터 품어볼 일이다. 현실은 비록 우물 안에 갇힌 개구리일지라도 마음만은 우물 밖으로 벗어나 세상을 상상하고 꿈꿀 수 있어야지만 언젠가 우물 밖으로 벗어나 더 큰 삶을 살 수 있다.

이스라엘을 세계 1위의 혁신 벤처 창업 국가로 만든 핵심 인물인 요즈마펀드의 이갈 에를리히Yigal Erlich 회장은 2019년 한국을 방문해 "한국의 스타트업은 글로벌시장 진출의 꿈을 크게 꾸지 않는 경향이 있다."라고 지적했다. 그는 세계 최고의 SNS로 인정받는 페이스북보다 훨씬 더 일찍 개발된 싸이월드가 한국에서의 성장만으로 만족하고, 세계시장으로 진출하지 않은 것을 안타까워했다.

페이스북이 창업하며 한국의 싸이월드를 벤치마킹했다는 IT 업계의 숨은 이야기는 차치하고라도, 국내 최고 가입자 수를 자랑하며 명실상부한 국민 SNS로 인정받던 싸이월드가 왜 세계무대로의 진출은 고사하고 국내 시장에서조차 사라진 것일까? 여러 요인이 작용한 결과였겠으나, 에를리히 회장의 지적처럼 싸이월드가 처음부터 글로벌시장을 무대로 큰 그림을 그리고 사업을 펼쳐나갔더라면 어땠을까? 어쩌면 지금과는 완전히 다른 결과가 나왔을지도 모를 일이다.

스웨덴, 이스라엘, 싱가포르 등 세계적인 혁신 창업 국가로 손꼽히는 국가들은 많은 창업자가 처음부터 글로벌시장을 무대로 비즈니스를 구상하고 꿈을 품는다. 불과 10여 년 전까지만 해도 학업이든 사업이든 나라 밖을 벗어나 세계를 무대로 꿈을 펼치려면 실력이나 자본이 웬만큼은 따라주어야 했다. 보통의 평범한 우리가 열정만으로 넘보기엔 세계무대는 멀고도 높았다. 그러나 이제는 의지만 있다면 처음부터 세계를 무대로 꿈을 품고 펼쳐나갈 수 있게 되었다.

디지털 기술의 발달로 단 1초도 안 되는 짧은 시간에 지구 반대편의 사람과 정보를 교환하고 소통하는 세상이 열렸다. 이름도 얼굴도 모르는 전혀 다른 국적의 사람들이 뜻을 함께하며 연대하기도 하고, 함께 공부도 하고 사업도 한다. 어디 그뿐인가. 가능성 있는 비즈니스에 전 세계의 투자자들이 몰려들고, 배움에의 의지만 있다면 큰돈을 들이지 않고도 인터넷으로 세계 최고의 교육을 받을 수 있게 되었다. 또한 창의적이고 독창적인 콘텐츠만 있다면 '유튜브'라는 세계 최고의 인터넷 방송 플랫폼을 공짜로 활용하며 나의 영상을 올리고 채널도 개설해 수익을 올릴 수 있다.

비즈니스이든 예술이든 학문이든, 그 어떤 분야라도 이제 자본이나 언어, 국경이 장벽이 될 수 없다. 재능과 열정만 있다면 얼마든지 세계를 무대로 꿈을 펼칠 수 있는 세상이 열렸으니 꿈을 품되 그 무엇도 미리 염려하며 움츠리지 말자. 브라이언 트레이시의 조언처럼 내게 주어진 것이 무한하다 여기며 가장 크고 아름다운 꿈을 품어보자. 그래야 내 삶도 내 꿈을 닮아간다.

큰 꿈을 이루려면 큰 걸음부터 떼라

15년 전쯤의 일이다. 서울대 재료공학과 출신으로, 한국원자력연구소

대덕연구단지 소재 연구실장을 역임하신 원동연 박사가 긴히 의논할 일이 있다며 나를 찾아왔다. 나는 1990년에 교회에 입문한 후 기독실업인으로서 교육을 통한 세계 선교사역이라는 큰 꿈을 품었다. 그리고 30년 넘게 국내외 교육 선교의 길을 걸으며 그 꿈을 펼쳐나가고 있다. 원동연 박사는 그 과정에서 알게 된 소중한 인연 중 한 분이다.

"한동대 부총장과 연변과기대 부총장 자리의 제안이 들어왔는데 내가 어디로 가면 좋겠습니까?"

무슨 일인가 했더니 그의 진로 결정에 대한 자문을 얻고자 한 것이었다. 나는 대답 대신 그에게 다시 질문했다.

"스티븐 코비의 책에 보면 항아리에 돌 담는 이야기가 나옵니다. 항아리 안에 돌을 최대한 빽빽이 채우려면 어떤 순서로 넣어야 할까요? 먼저 큰 돌을 담고 그다음에 중간 돌, 작은 돌을 담는 게 꽉 채우는 방법이겠습니까? 아니면 작은 돌부터 담고 그다음에 중간 돌, 큰 돌 순으로 담는 게 꽉 채우는 방법이 될까요?"

"그야 물론 큰 돌, 중간 돌, 작은 돌 순서로 담아야지요."

그의 대답을 들은 나는 기다렸다는 듯이 다시 질문했다.

"그럼 중국이 큽니까? 아니면 한국이 큽니까?"

"그야 물론 중국이 크지요."

"그럼 중국으로 가야지요. 중국 연변과기대로 가시는 게 좋겠습니다."

그날 내게 명쾌한 답변을 들어서인지는 알 수 없으나, 원동연 박사는 한동대 초대 부총장의 길을 접고 연변과기대를 사역지로 택했다. 그는 연변과기대의 부총장으로 재임하는 기간에 필생의 업적인 '5차원 전면교육 학습법'을 조선속학교에서 임상교육을 통해 조정 및 보완했다. 그리고 이를 한국뿐만 아니라 전 세계 한인사회에 전파하는 등 글로벌 사역의 대로를 열어나갔다.

그뿐만 아니다. 연변과기대의 부총장으로 5년을 근무한 후 한국으로 귀환하지 않고 마침내 몽골 울란바토르로 건너가 몽골국제대학^{MIU}을 설립하여 총장을 역임했다. 이후에도 그는 그 자리에 머물러 있지 않고 더 넓은 세상으로 나아가 아프리카 탄자니아에 연립대학을 세우고 현지 국가교육 기관을 통하여 신교육^{5차원 학습법}을 보급했다.

만약 당시에 원동연 박사가 연변과기대가 아닌 한동대를 선택했더라면 어땠을까. 그의 경험과 사고가 한국이라는 틀 안에 갇혀 있는 동안 그의 꿈도 한국에만 머물러야 했을지도 모른다. 국경 너머 중국에서 더 큰 도전을 함으로써 그의 경험과 사고의 힘도 커졌고, 이를 통해 다음 단계의 도전은 물론이고 그 과정에서 만난 다양한 크기의 도전 또한 자신 있게 해낼 수 있었으리라.

큰 꿈을 품었다면 그것을 이루는 과정에서의 도전에 두려움이 없어야 한다. 가능한 큰 도전을 선택하고, 그것을 통해 얻은 경험의 힘으로 내 능력의 세부적인 부분들을 보완하며 더 큰 성장을 이어가야 한다.

천 리 길도 한 걸음부터라며, 꿈을 이루고 성공하려면 작은 것부터 차근차근 정성을 다하라는 말이 있다. 맞는 말이다. 그런데 나는 여기에 하나를 더 보태고 싶다. 앞서 말했듯이 디지털 기술의 발달로 안방에 앉아서도 세계 곳곳의 사람들과 소통하고 꿈을 펼치는 세상이 열렸다. 그러니 자신 있게 큰 걸음으로 도전하고, 그 과정에서 차근차근 세부적인 능력을 키우며 정성을 채워가 보자. 동산에 오르면 마을을 살필 수 있지만 태산에 오르면 천하를 살필 수 있다고 했다. 그러니 큰 꿈을 이루려면 과감히 큰 걸음부터 뗄 일이다. 불론 그 안에 성성을 나해야 하는 것은 불변의 진리이니, 심중에 새기고 또 새겨두어야 한다.

우리는 이미 충분하다

———
———
———
———
———

인간의 욕구를 5단계로 정의한 심리학자 매슬로Abraham H Maslow는 "우리가 가진 능력은 활용되기 위해 아우성치고 있다. 우리가 자신의 능력을 최대한 발휘할 때만 이러한 내면의 아우성을 잠재울 수 있다."라고 했다.

매슬로의 주장처럼 우리에겐 아직 꺼내지 않은, 상상 이상의 거대한 잠재력이 숨어 있다. 그리고 그 힘은 언제든 내 안에서 빠져나와 목표와 꿈을 위해 달릴 준비를 하고 있다.

육상 1,600m 달리기에선 오랫동안 '4분'의 벽이 깨지지 않았다. 세계 각국의 내로라하는 최고의 선수들이 '4분'의 벽을 깨기 위해 끊임없이 도전했으나 깨지지 않았다. 그런데 1954년 5월, 25세의 의대생 로저 배니스터는 1,600m를 3분 59초 4로 뚫으며 마의 4분을 보란 듯이 무너뜨렸다.

그뿐만이 아니었다. 배니스터가 4분의 벽을 돌파하자 이후 다른 선수들도 하나둘 한계를 넘어섰고, 3년 동안 무려 16명의 선수가 마의 4분을 넘고 3분대의 기록을 갖게 되었다. 그리고 현재까지 1,000명 이상의 선수가 4분의 한계를 넘어섬으로써 인간의 한계는 능력이 아니라 심리에

기인하는 것임을 증명해냈다.

우리는 종종 어려운 과제나 도전에 실패하면 "이건 내 능력 밖의 일이야."라며 체념하고 포기한다. 심지어 해보기도 전에 "나는 할 수 없다."라며 미리 단념해버린다. 어려워서, 힘들어서, 무서워서 등 많은 이유로 나의 한계를 미리 정하고 포기를 선언하지만 사실 우리는 안다. 우리가 포기하는 것은 능력의 한계를 만나서가 아니라 마음의 한계 때문이란 것을.

일단 도전하고, 능력을 끌어올려라

세계적인 심리학자이자 하버드대 교수였던 윌리엄 제임스William James는 "인간은 평생 자신에게 잠재된 능력 중에서 불과 5~7%밖에 사용하지 못한다. 그리고 그것이 자신의 모든 능력이라고 믿으며 살아간다."라는 연구결과를 발표했다.

전문가의 연구결과가 아니더라도 나는 우연한 도전에서 전혀 예상치 못한 능력을 확인하는 경험들을 통해 아직 활용되지 않은 나의 능력이 있음을 믿었다. 평생의 업으로 이어가는 건설업도 막다른 골목에서 어쩔 수 없이 시작한 일이었다.

서른 살에 사업을 시작하기 전까지 나는 사업에는 전혀 관심도 없었고 능력을 확인할 길도 없었다. 어쩌다 보니 상황에 떠밀려 건설업을 시작했고, 아산화력발전소, 삼랑진양수발전소, 부산충혼탑, 고리원자력 3, 4호기, 울진원자력 1, 2호기, 한전본사사옥 등의 굵직한 공사들의 하도급을 맡아 조경공사 및 준공대비공사를 책임감 있게 해냈다. 덕분에 나름 업계의 인정을 받으며 40년 넘게 그 업을 이어오고 있다.

내가 사업을 시작한 계기는 지금 생각해도 황당하고 기막히다. 둘째 아이가 태어나고 얼마 후인 내학교 3학년 때의 일이다. 당시 우리 가족은 서울의 후미진 동네 언덕에 전세 100만 원짜리 방 한 칸에 살고 있었다. 그런데 어느 날 법원 집행관이 들이닥쳐서는 주인집 곳곳에 빨간 딱지를 붙이는 게 아닌가. 집주인이 사채를 쓰고 갚지 않아 결국 강제집행을 당하게 된 것이다.

졸지에 전세금을 떼이고 길바닥으로 나앉을 상황에 놓인 우리 부부가 무엇을 어떻게 해야 할지 몰라 전전긍긍하고 있는데 채권자가 제안을 해왔다. 자신이 받을 돈 430만 원만 주고 그 집을 사라는 것이다. 수리해서 팔면 최소한 전세금 정도의 이윤은 챙길 수 있다는 것이다.

다른 대책이 없었던 우리는 양가 부모님을 비롯해 온 사방에 부탁해서 겨우 돈을 마련했다. 집을 인수하곤 곧장 집수리에 들어갔고, 얼마 지나지 않아 750만 원으로 집을 팔았다. 빌린 돈을 모두 갚고 이것저것 제하고도 100만 원이 남았다. 그 100만 원을 종잣돈으로 해서 우리 부부는 다음 해인 1978년에 아내의 전공을 바탕으로 한 건설회사를 창업했다.

아내는 대학에서 원예를 전공한 후 대학원에서 조경학을 전공했다. 조경학은 당시 신규 기술 분야로 한창 떠오르던 분야임에도 여성이고 기혼

자라는 이유로 번번이 입사를 거절당했다. 나는 어렵사리 번 돈 100만 원을 기왕이면 아내의 전공을 살리는 데 쓰고 싶었다. 아내는 "힘 되는 대로 열심히 돕겠다."라는 내 말을 믿고 과감히 '반도조경공사'를 창업했다.

준비는커녕 계획에도 없던 창업이었으나 시작한 이상 최선을 다해야 했다. 가족의 생계가 걸린 데다가 우리를 믿고 공사를 맡겨준 의뢰인에게 신의를 지키려면 없던 능력도 만들어내고 부족한 열정도 짜내고 끌어올려야 했다.

다행히 창업 초기 좌충우돌의 시기를 지나며 우리 부부는 기업가로서의 면모를 다져갔다. 돈만 좇는 얄팍한 상술의 장사꾼이 아닌 책임감과 사명감으로 진정성 있는 걸음을 걷고, 함께하는 사람들의 소중함을 알며, 불가능하다고 생각되는 난제를 만나도 반드시 해내고야 마는 불굴의 의지도 키워갔다. 덕분에 우리 내외는 40년이 넘는 긴 세월 동안 많은 어려움이 있었음에도 초지일관하는 자세로 회사를 꾸려 나가고 있다.

우리는 이미 그것을 해낼 능력이 충분하다. 단지 자신의 능력을 아직 만나지 못하거나 환경이나 여건 등 외부적인 요인을 핑계 삼으며 스스로 능력에 한계를 그었을 뿐이다. 능력은 타고나는 것이 아니라 불굴의 의지로 한껏 끌어올려 주어야 하는 것이다.

의지만 있다면 능력은 도전과 노력을 통해 만들어가면 되니 목표나 꿈을 마냥 바라만 보면서 망설일 이유가 전혀 없다. 첫걸음을 내딛는 순간부터 나도 몰랐던 능력들이 기다렸다는 듯 터져 나올 테니, 온갖 걱정과 염려로 성패를 저울질하기 전에 일단 도전부터 할 일이다.

무대는 준비되었다,
이제 내 안의 것을 꺼내면 된다

청년들과 이야기를 나누다 보면 미래에 대한 진중한 고민이 대견하기도 하고, 한편으론 안쓰럽기도 하다. 그래서 그들의 곱절이나 되는 나이에도 하루 24시간이 모자랄 정도로 꿈을 위해 거침없이 나아가는 나의 이야기를 들려주며 작으나마 힘이 되어주려 애쓴다.

돈이나 학력, 나이 등 숫자로 평가되는 조건들이 도전의 성패를 좌우하던 시대는 끝났다. 세계적인 명문대들도 취업을 위한 졸업장 취득이 아닌 꿈을 이루기 위한 진정한 배움의 장으로 바뀌고 있다. 게다가 의지와 노력만 있다면 돈 한 푼 들이지 않고도 세계 최고의 명문대 수업을 들을 수 있고 졸업장도 딸 수 있다.

2013년 몽골에 사는 17세 소년이 MIT의 신입생으로 선발된 것이 세계적인 화제가 됐다. 몽골에 산다는 것, 그리고 17세의 소년이란 것보다 더 이목을 집중시킨 것은 그가 MOOC^{MOOC : Massive Open Online Course}라는 온라인 공개강좌 플랫폼의 수업에서 우수한 성적을 받아 MIT의 신입생으로 선발되었다는 점이다.

10년 가까운 세월이 흐른 지금, 몽골 소년의 사연에 더는 세계가 감탄하지 않는다. 국적이나 나이와 상관없이, 심지어 돈이 있든지 없든지 누구든 배움에 대한 열정과 노력만 있다면 하버드, MIT, 스탠퍼드, 예일대 등 세계 최고 대학들의 우수한 강의를 들을 수 있고, 학점 이수는 물론 학위까지 받을 수 있게 되었기 때문이다.

그뿐만 아니다. 굳이 최고 대학에서 수업을 듣지 않아도 자신의 재능과 관심사를 파고들면서 열정을 다하면 목표와 꿈을 이룰 수 있는 세상이 되었다. 디지털 기술의 발달로 전 세계를 무대로 나의 재능과 아이디어를 펼칠 수 있으며, 원한다면 창업하여 사업가로 큰 성공을 거둘 수도 있다. "목마른 사람이 우물을 판다"는 속담처럼 필요가 아이디어를 낳고, 아이디어가 실행으로 이어져서 성공적인 비즈니스 모델을 만든 사례가 속속 등장하고 있다.

택시를 잡는 데 30분이나 넘게 걸린다는 사실에 짜증이 난 사람이 버튼 하나로 개인 운전자와 승객을 연결해주는 '우버'를 창업했고, 여행이나 출장지에서 천편일률적인 숙소에 싫증이 난 사람이 현지인의 빈방이나 집을 여행자와 연결해주는 '에어비앤비'를 창업했다. 게다가 이들 모두 자신의 차나 건물이 아닌 다른 이들의 것들을 활용하고 연결해줌으로써 세계 최대 규모의 사업을 펼치고 있다.

그 외에도 스마트폰의 간단한 터치 몇 번으로 동네 맛집의 다양한 메뉴가 문 앞까지 배달 오고, 국내는 물론 외국의 다양한 상품들을 스마트폰 하나로 검색하고 주문, 결제까지 할 수 있다. 게다가 이들과 연결된 사업자나 개인들 역시 이전과는 전혀 다른 방식으로 수익을 창출하고 꿈을 이루어가고 있다.

　더 놀라운 것은 오래전 개발된 창의적 아이디어나 제품들이 세계 시장에서 재평가를 받고 있다는 사실이다. SNS, 온라인 커뮤니티, 디지털 플랫폼 등 디지털 기술의 발달로 사용자들의 입소문을 통한 마케팅이 가능해지고, 그 확산 속도 또한 무척 빠르고 강력해진 덕분이다. 세계적인 온라인 쇼핑몰 아마존에서 인기몰이 중인 '호미Ho-Mi'가 그 대표적인 예이다.

　잡초를 제거하거나 감자나 고구마, 연근과 같은 뿌리 작물을 캘 때 주로 활용되는 호미는 시대의 변화로 점점 생활 속에서 멀어지고 있는 농기구 중 하나이다. 그런데 경북 영주의 한 대장간에서 50여 년을 호미를 만들어온 장인이 만든 호미가 아마존 원예코너의 대박 상품이 되었다. 이렇다 할 홍보를 하지 않았음에도 멀리 미국에서 호미의 가치를 알아보곤 갑작스레 수요가 생겨난 것이다. 더군다나 한국에서의 판매가보다 몇 배나 높은 가격으로 판매된다. 일반 원예용 모종삽과 비교할 때 호미의 디자인과 성능이 땅을 파고 잡초를 제거하기에 편리하다는 사실이 사용자들의 입소문을 타고 퍼져 나간 덕분이다.

　탁월한 아이디어로 좋은 제품을 개발해놓고도 판로를 찾지 못해 사장되던 시대는 끝났다. 돈 한 푼 들이지 않고도 나의 아이디어와 재능, 상품을 알릴 기회는 얼마든지 있다. 물론 입소문을 타고 기대하던 마케팅

효과를 내기까진 우직한 노력과 그만큼의 시간이 필요하다. 그리고 무엇보다 오랜 시간이 지난 뒤에도 그 가치가 빛날 만큼 창의적이고 우수한 품질이 전제되어야 한다.

학벌, 집안, 재산, 인맥 등 과거의 기준이 아닌 열정, 창의력, 상상력, 실천력, 우직함 등 우리가 이미 가진 것으로도 충분히 꿈을 이룰 수 있는 세상이 열렸다. 아무것도 하지 않으면 아무 일도 일어나지 않는다. 하지만 우리가 무언가를 시작하고 도전하는 순간 변화는 시작되며, 마침내 상상하지도 못한 결과를 낳게 된다. 무대는 이미 준비되었고, 이제 내 안의 것들을 꺼내어 도전만 하면 된다.

나만의 새로운 길을 만들어라

———
———
———
———

　2013년 4월, 영국에서 개최된 한 마라톤 대회에서 5,000명이 무더기로 실격하는 어이없는 사태가 벌어졌다. 실격 사유는 다름 아닌 '경로 이탈'이었다. 선두로 달리던 선수와 제법 간격이 벌어졌던 2등의 선수가 경로를 잘못 인식하여 264m를 덜 달리게 되었다. 그런데 이 선수의 뒤를 따르던 5,000명의 참가자 모두가 앞선 사람의 뒤통수만 바라보며 달리다 결국 똑같이 경로를 이탈해 264m를 덜 달리게 되는 결과를 낳았다. 유일하게 코스를 완주한 1등의 선수를 제외한 나머지 참가자 전원이 실격처리되는 황당하고도 허무한 마라톤이 당시 전 세계 언론을 통해 보도되었다.

　해당 기사를 접하며 나는 우리의 삶도 어쩌면 앞서가는 타인의 뒤통수를 쫓느라 자신만의 경로에서 이탈하는 실수를 범하지 않는가 하는 생각을 하게 됐다. 성적 위주, 입시 위주의 달리기 경주에서 죽을힘을 다해 명문고와 명문대의 졸업장을 확보하고도 막상 사회에선 자신의 자리를 찾지 못하는 이들이 많다. 심지어 의사나 변호사 등 모두가 부러워하는 사회적 지위를 갖고도 행복감은커녕 삶의 허무함을 토로하는 이들도 있다.

열심히 공부해서 모두가 선호하는 직업을 갖는 것은 대단한 성취이다. 하지만 그것이 나의 꿈과 목표를 이루는 삶이 아닌 타인의 시선에 이끌린 선택이었다면 이 얼마나 불행한 일인가. 조금 늦더라도 조금 험난하더라도 자신만의 삶을 살아야 한다. 간절히 이루고 싶은 꿈을 품고 두려움 없이 도전하고 성취할 때 삶의 진정한 만족감과 행복감을 느낄 수 있다.

삶을 디자인하라

내가 초등학교에 다니던 1950년대 중후반에는 지금처럼 책이 풍족하지 못했다. 학교나 동네에 제대로 된 도서관도 없었던 터라 개인적으로 책을 사는 게 아니라면 교실 한쪽에 비치된 학급문고가 책을 읽을 수 있는 유일한 창구였다.

다방면으로 호기심이 많고 활동적이었던 나는 책 읽기도 무척 즐겼는데, 읽었던 책을 몇 번이나 다시 읽으며 책에 대한 갈증을 달래야 했다. 그리스 로마 신화, 과학기술, 역사, 위인전 등 분야를 가리지 않고 책이란 책은 모조리 읽었고, 그중 흥미를 끄는 책은 몇 번이고 읽고 또 읽었다. 특히 《플루타르크 영웅전》을 비롯해 '영웅'과 관련한 책들은 늘 내 심장을 두근거리게 했다. 그리고 막연하게나마 내 가슴을 뛰게 했던 책 속의 영웅들처럼 나도 많은 사람을 위해 헌신하고 큰 변화를 이끄는 사람이 되고 싶다는 생각을 했다.

　이후 청소년기와 청년기를 지나는 동안 뜻하지 않은 실수와 좌절을 겪는 바람에 자신감이 떨어져 더 이상 내가 어떤 사람이 되겠다는 분명한 그림을 그리지 못했다. 당시엔 "너의 꿈이 무엇이냐? 너는 어떤 삶을 살고 싶으냐?"라고 진지하게 물어주고 격려해주는 이도 없었을뿐더러, 나 또한 분명한 꿈을 품고 내 삶을 디자인해야 한다는 적극적인 생각을 하지 못했다. 그저 주어진 현실에 임기응변식으로 최선을 다하는 하루하루를 살아냈을 뿐이다. 물론 그 시간에 후회는 없으나 하나의 아쉬움은 있다. 조금 더 일찍 분명한 꿈을 품고 나의 삶을 구체적으로 디자인했다면 길을 찾지 못해 헤맸던 시간을 조금은 줄일 수 있지 않았을까 한다.

　지난 시간에 대한 이런 소회는 늘 이 시대의 주인공인 청년들을 향한 안타까움으로 이어진다. 자신만의 소중한 꿈을 품고 삶을 좀 더 적극적으로 디자인한다면 분명 바라던 꿈을 이루고 행복한 삶을 살 수 있을 텐데, 어쩐 일인지 다들 자신만의 길을 찾는 것에 소극적인 경향이 강해 보인다. 나처럼 청소년기에 좌절을 맛본 기억이 남아 있어서 그럴까? 만일 그렇다면 가능한 빨리 '과거의 덫'으로부터 탈출해야 한다. 적극적으로 자신의 미래를 새롭게 기획하고 도전하는 길로 나서야 한다.

　2020년, 취업포털 플랫폼인 잡코리아가 알바몬과 함께 20~30대 청년을 대상으로 한 설문조사에서 응답자의 37.4%가 현재 공무원 시험을 준비하고 있다고 답했다. 그리고 48.4%는 '앞으로 공무원 시험을 준비할 의향이 있다'라고 답했다. 20~30대 청년의 10명 중 8명 이상이 공무원이 되는 것에 큰 관심을 두고 있다는 것도 씁쓸하지만, 그 이유가 '정년까지 안정적으로 일하기 위해'라고 하니 정말 충격스럽기까지 하다.

나름의 소신과 목표로 공무원을 희망하는 것이라면 박수를 치며 응원할 일이다. 그러나 그저 안정적인 수입을 위해 10명 중 8명의 청년이 한곳으로 몰린다면 이는 개인의 차원을 넘어 국가 전체에도 큰 위기가 아닐 수 없다. 가뜩이나 심각한 취업난에 코로나 사태로 민간 채용 시장까지 얼어붙었으니 오죽하면 그런 선택을 할까 싶다. 그럼에도 단 한 번뿐인 자신의 삶을 꿈이 아닌 안정을 제1의 조건으로 들며 도전을 포기한다는 것은 결코 공감할 수 없다.

도전과 혁신이 아닌 안정을 추구하며, 자신만의 특별한 색이 아닌 비슷비슷한 색을 내며 살아가는 이가 전체 인구의 80%가 된다면 그 국가의 미래는 어떤 모습일까? 다소 지나친 상상이긴 하나 결코 그런 상황이 벌어지지 않는다고 자신할 수도 없으니 염려가 될 수밖에 없다.

꿈이 없는 삶은 희망이 없고, 청년이 꿈을 내려놓은 국가는 미래가 없다. 수많은 사람이 강력한 꿈을 품고 그것을 이루려 노력하는 과정에서 국가와 인류의 발전을 이끌었다. 꿈은 단순히 개인의 성취에 그치지 않는다. 꿈의 성취로 인해 탄생한 수많은 결과물이 우리 삶을 풍족하게 해주었을 뿐만 아니라 다음 세대가 더 큰 꿈을 품을 수 있도록 이끄는 원동력이 되어주었다.

그 누구도 아닌 진정한 나의 삶을 살아야 한다. 많은 이가 같은 곳을 향해 우르르 몰려간다고 해도 내가 가야 할 곳이 그 길에 있지 않으면 과감히 그들의 틈에서 벗어나야 한다. 내 삶을 스스로 디자인하지 않으면 누군가가 디자인해놓은 틀에 갇혀 원치 않는 삶을 살아야 한다. 그러니 어떤 사람이 되고 싶은지, 어떤 삶을 살고 싶은지를 자신에게 끊임없이 물어야 한다. 그 질문의 끝에서 간절히 바라는 자신의 새로운 모습^{자화상}이 떠오르면 그를 향해 뒤돌아보지 말고 두려움 없이 나아가야 한다.

따라가지 마라, 나만의 새로운 길을 만들어라

나는 강연이나 멘토링을 하며 청년들을 만날 때마다 취업보다는 창업을 적극적으로 권한다. 물론 조직 생활이 적성에 맞고 자신의 목표와 꿈이 취업을 통해 이룰 수 있는 것이라면 당연히 취업을 응원한다. 대신 취업이 창업의 두려움에 대한 도피처이자 그저 안정적인 삶을 바라며 내린 선택이라면 창업의 매력에 대해서 적극적으로 어필하며 도전의 용기를 북돋는다.

창업이 취업보다 훨씬 더 힘겨울 수 있고, 바라던 목표와 성공을 이루기까진 상상 이상의 고난을 겪을 수도 있다. 그러나 남들이 만들어놓은 길을 따라가는 것이 아닌, 내가 좋아하는 일, 잘하는 일을 하며 나만의 길을 새롭게 만들어간다는 데 대한 성취감과 만족감은 그 과정에서의 힘겨움을 상쇄하고도 남는다.

유통업계 처음으로 새벽배송을 도입한 마켓컬리의 창업자 김슬아 대표는 전형적인 엘리트였다. 그녀는 중학교를 수석으로 졸업하고 민사고 문과에 수석으로 입학했으며, 미국의 명문 사립 여대인 웰즐리 대학Welles-ley College을 졸업한 후 미국계 투자은행 골드만삭스 홍콩지사에 취업했다. 이후 유명 글로벌 투자회사들에서 수억 원의 연봉을 받으며 업계에서 인정받는 인재로 성장했다.

모두가 부러워하는 안정적인 최고의 엘리트 코스를 밟던 그녀가 돌연 걸음을 멈추고 목표를 바꾸며 경로를 수정한다. 오랜 시간 성실하게 쌓아왔던 그 모든 것을 내려놓고 완전히 다른 무언가에 도전하기로 한 것이다.

어릴 때부터 건강한 먹거리에 관심이 많았던 김슬아 대표는 결혼 후 과도한 업무와 스트레스, 불균형한 식사로 건강이 나빠지자 건강한 음식과 식재료에 대한 필요성을 절감하게 된다. 그녀는 '맛있고 건강한 음식을 어떻게 하면 편하게 먹을 수 있을까?'라는 고민 끝에 직접 창업을 결심하게 된다. 그리고 소비자로서 느꼈던 불편함과 바람을 다양한 서비스에 반영해나가며 소비자들의 큰 공감과 호응을 이끌었다. 새벽에 식품을 배송하는 서비스 역시 맞벌이 부부였던 자신의 강한 바람에서 비롯된 아이디어였다.

이렇듯 고객의 니즈를 정확히 파악하고 차별화된 서비스를 제공한 사업가적 전략도 멋있지만 나는 무엇보다 좋은 직장과 고액의 연봉, 모두가 부러워할 만한 멋진 커리어를 뒤로 한 채 과감히 자신만의 길을 걷기로 한 용기에 박수를 보냈다.

창업을 통해 얻을 수 있는 만족감은 개인적인 꿈의 성취에만 머무르지 않는다. 마켓컬리 김슬아 대표의 경우처럼 자신이 개발한 상품과 서비스가 세상을 이전보다 조금 더 편리하고 나은 곳으로 변화시키는 데 힘을 보탠다는 것은 무척 의미 있는 일이다. 길다면 길고, 짧다면 짧은 생의 시간에 세상에 유일무이한 나만의 빛을 한껏 발산하며 이웃과 사회에 긍정적인 영향을 미친다면 이보다 더 보람된 일이 있을까. 매달 꼬박꼬박 안정적으로 들어오는 월급도 좋겠으나 세상에 나만의 빛을 밝히며 얻는 보람과 행복에 비교할 바가 아닐 것이다.

꿈, 나아가야 이룰 수 있다

―
―
―
―
―

"저는 꿈이 없어요. 되고 싶은 것도 이루고 싶은 것도 없어요."

언젠가 청년들과 함께 꿈에 관련한 이야기를 나누던 중에 한 청년이 제법 심각한 표정으로 말했다.

"꿈이 없는 사람은 없어요. 아직 간절히 이루고 싶은 꿈을 찾지 못했을 뿐이에요. 너무 조급해하지 말고 찬찬히 마음의 소리에 귀 기울여보세요. 어떤 사람이 되고 싶고, 무엇을 이루고 싶고, 어떤 삶을 살고 싶은지. 그 소리를 따라가다 보면 자신의 꿈과 만날 수 있어요."

내 말에 청년은 고개를 끄덕이며 그러겠노라고 했다. 일생에 꿈 한 번 품지 않은 사람이 어디 있을까. 아직 꿈을 찾지 못했거나 꿈을 품었지만 이루지 못할 거란 생각에 포기해버린 경우는 있을 테지만 아예 꿈이 없는 사람은 없다.

아직 꿈을 찾지 못한 사람보다 더 안타까운 이가 있다. 분명한 꿈과 목표를 정해두고도 한 걸음도 움직이지 않는 사람이다. 이들은 유명한 소설가가 되고 싶다면서 글 한 줄 쓰지 않고, 세계 최고의 셰프를 꿈꾸면서 요리는커녕 주방 근처도 가지 않는다. 학생 중에는 실력 있는 외시기 되고 싶다면서 의대에 진학할 수 있는 최소한의 성적조차 관리하지 않는 이도 있다.

꿈을 품는다는 것은 자신의 삶을 디자인하는 것과 같다. 마치 건물의 내·외부를 디자인하는 것처럼 꿈 역시 나의 인생의 큰 그림을 그리고 그것을 이루기 위한 세부적인 목표와 계획을 세우는 것이다. 그런데 제아무리 멋지고 섬세한 디자인을 했다고 하더라도 실행을 위한 첫걸음을 떼지 않는다면 그것은 영원히 상상 속에만 머물 꿈이다. 꿈과 목표를 이루기 위해서는 느리게라도 꾸준히 그것을 향해 나아가야 한다.

삼류 아이디어라도 좋다, 일단 실행부터 하자

"일류 아이디어와 삼류 실행력의 조합, 또 다른 하나는 삼류 아이디어와 일류 실행력의 조합이 있다면 어떤 것이 더 나을까?"

알리바바의 회장 마윈이 소프트뱅크 손정의 회장에게 이 같은 질문을 했다고 한다. 두 사람은 큰 이견 없이 '삼류 아이디어와 일류 실행력'의 조합을 선택했다. 세상에서 최고로 창의적이고 기발한 아이디어가 있다고 해도 그것이 자신의 머릿속에만 머물면 아예 없는 것과 같다. 반면 삼류 아이디어라도 일단 실행하면서 부족한 점을 찾아 보완하고 수정하면 일류 아이디어가 될 수 있다.

세계 최고의 기업으로 손꼽히는 마이크로소프트^{MS}를 창업한 빌 게이츠는 기업 경영에 있어 자신의 최대 실수로 '구글에 안드로이드 출시 기회를 내준 것'을 꼽는다. 그는 "소프트웨어 세계, 그중에서도 플랫폼 시장은 승자가 독식하는 구조"라며, 모바일 OS에 대해 발 빠른 선택과 실행을 하지 못해 시장 장악에 실패한 것을 크게 후회했다.

뒤늦은 후회를 하는 이는 비단 빌 게이츠만이 아니다. 삼성 역시 안드로이드를 인수해 모바일 OS 시장을 장악할 기회를 놓친 것은 매한가지이다. 2003년 안드로이드를 창업한 앤디 루빈$^{Andy\ Rubin}$은 모바일 운영체제인 안드로이드 OS를 개발하는 과정에서 세계 여러 기업의 문을 두드리며 투자요청을 했다. 그중 하나가 삼성이다. 2004년에 앤디 루빈은 개발자들과 함께 삼성을 직접 찾아와 투자요청을 하였으나 거절당했다. 실리콘밸리의 작은 스타트업에 대한 신뢰 부족 등 여러 이유가 있었겠지만 삼성으로선 한 발 앞서 시장을 내다보고 실행하는 힘이 부족했던 탓에 모바일 OS 시장을 장악할 최고의 기회를 놓친 셈이다.

결국 2005년에 구글이 안드로이드사를 인수했고, 창업자인 앤디 루빈까지 영입해 안드로이드 OS의 개발을 이어가도록 적극적으로 지원했다. 모두가 시대의 변화를 제대로 읽지 못하고 우물쭈물하며 망설일 때, 구글은 안드로이드 OS를 통해 인터넷에서 모바일로 사업의 영역을 과감히 확대한 덕분에 전 세계 모바일 OS 시장을 장악할 수 있었다.

개인의 꿈이든 팀이나 조직과 같이 여러 사람이 함께하는 꿈이든 걸음에 속도를 붙여야 할 순간이 있다. 이런 경우 신중함보다는 과감한 결단이 필요하다. 게다가 아무리 신중하게 고민한다고 해도 100% 완벽한 판단은 있을 수 없기에 절반 이상의 가능성이 보이면 일단 도전하고 이후 수정하고 보완하며 완전함을 추구하면 된다. 구글 역시 2005년에 안드로이드사를 인수하고 2년간의 수정 및 보안의 기간을 거친 후 2007년에 안드로이드 OS를 발표했다. 그리고 이후에도 꾸준한 업데이트로 더 발전된 모습을 완성해나가고 있다.

영국의 극작가인 조지 버나드 쇼는 95세에 임종하며 묘비에 "우물쭈물하다 내 이럴 줄 알았지."라는 말을 남겼다. 노벨문학상까지 받은 유명한 극작가도 생각이나 마음을 행동으로 옮기지 못해 후회하는 것이 있는데, 평범한 우리는 오죽할까. 생각이 깊고 신중한 것이 나쁜 것은 아니지만 너무 지나치다면 생각은 영원히 현실로 나올 수 없게 된다.

가야 하나 말아야 하나를 고민하며 오래도록 망설이기보다는 일단 출발하고 가보는 것도 나쁘지 않다. 가다가 아니다 싶으면 경로를 변경하거나 방법을 달리해도 되고, 다시 목적지를 정해도 된다. 무엇을 하든 아무것도 하지 않은 것보다는 낫다. 게다가 경쟁이 치열하거나 변화의 물결이 거센 분야에선 우물쭈물하다간 영영 기회를 잃는 경우도 많다.

꿈이 꿈으로 멈추느냐 현실에서 멋지게 실현되느냐는 생각을 행동으로 옮기느냐 아니냐의 차이에 있다고 해도 과언이 아니다. 늦은 나이까지 왕성하게 작품활동을 했던 괴테는 "아는 것만으로는 충분하지 않다. 적용해야만 한다. 의지만으로 충분하지 않다. 실행해야 한다."라는 말로 실행의 중요성을 강조했다.

물론 실행이 곧 성공으로 이어진다는 보장은 없다. 실행은 때론 실수와 실패로 이어질 수도 있다. 그런데 그게 뭐 어떤가. 포기하지만 않는다면 실수와 실패도 결국 성공으로 가는 소중한 한 걸음이다. 제아무리 큰 꿈을 품고 기발한 아이디어로 탁월한 계획을 세워도 실행하지 않는다면 영원히 출발점에만 머문다. 실수든 실패든 기꺼이 받아들이며 한 걸음씩 나아가는 사람만이 결국 꿈을 이루고 성공할 수 있다. 삼류 아이디어라도 좋으니 일단 실행부터 하고 볼 일이다.

무슨 일이든 플레이메이커가 되라

나는 플레이메이커를 좋아한다. 그리고 나 역시 그런 사람이 되려 노력한다. 플레이메이커play maker는 '야구, 농구, 축구 등의 팀 경기에서 공격의 선도적인 역할을 하며 경기의 흐름을 파악하고 실마리를 풀어가는 핵심적인 선수'라는 사전적 의미가 있는 말이다.

스포츠이든 사업이든 봉사활동이든 여러 사람이 함께 팀이 되어 일할 때 플레이메이커의 역할은 아주 중요하다. 대부분의 일이 처음의 목표와 계획대로 순탄히 나아가지만은 않는다. 변수도 생기고 위기의 상황에도 처하게 되는데, 이때 모두가 함께 목표지점에 갈 수 있도록 누군가 나서서 문제의 실마리를 풀어가며 전진의 걸음을 이어갈 수 있도록 해야 한다.

팀을 이뤄 일하다 보면 위기를 맞거나 중요한 결정의 순간이 왔을 때 사람들이 크게 두 유형으로 나뉘는 것을 볼 수 있다. 어떻게든 전진할 수 있도록 일을 해결해가는 사람이 있고, 반면 누군가 그것을 해결해주기만을 기다리며 그저 방관하는 사람이 있다. 전자의 경우가 플레이메이커이다. 조직 내에서 자신의 위치나 역할에 따라 유형이 나뉠 듯하지만 사실 꼭 그런 것만은 아니다. 누구든 플레이메이커가 될 수 있다. 팀의 막내도 얼마든지 플레이메이커가 되어 능동적이고 적극적으로 문제를 해결하고 전진을 이끌 수 있다.

나는 함께하는 모든 이가 플레이메이커가 되어 적극적이고 진취적으로 일에 임해야 한다는 생각이다. 야구를 할 때도 데드볼을 맞는 한이 있더라도 일단 1루로 진출해야 다음 선수들에게 기회가 생기고, 이후의 게임이 더 역동적으로 풀릴 수 있다. 잘못된 방법이 아니라면 어떻게든 한 발이라도 나아가야 목표에 이를 수 있다. 건설업을 하면서도 당장은 금전적인 손해를 보더라도 회사의 성장에 도움이 된다면 일단 공사를 맡고 보았다. 또 어렵고 힘든 공사 의뢰가 들어와도 못한다며 뒤로 물러서기보다는 그것을 완성도 있게 해낼 적임자를 찾아 어떻게든 일이 성사되도록 만들었다.

기독실업인으로서 교육선교와 청년창업, 구제활동의 사역을 할 때도 아이디어가 아이디어로만 머물지 않고 현실에서 빛을 발할 수 있도록 늘 적극적으로 실행으로 옮겼다. 1999년에 비영리기구^{NGO}인 굿피플^{Good People}을 기획하고 설립하여 중국, 인도, 중앙아시아, 동남아시아, 중동, 아프리카 지역의 교육과 의료, 환경개선 등을 위한 봉사의 기초를 닦기도 했고, 한국기독실업인회^{CBMC} 서울영동지회에 참여한 이후 아시아 대륙에 90여 개의 기독실업인지회 창립에 주도적 역할을 하기도 했다.

어떤 꿈이든 실행이라는 전진의 걸음이 없이는 결코 닿을 수 없다. 꿈을 이루기 위해선 여러 단계의 목표를 지나야 하고, 목표지점에 닿으려면 전진이 필수다. 그리고 여러 사람이 공동의 꿈을 품고 함께 목표지점으로 갈 때는 서로가 끌어주고 밀어주며 너나없이 플레이메이커가 되어 전진의 걸음에 힘을 보태주어야 한다. 이때 앞서가는 이의 좋은 뜻에 동참하며 뒤에서 에너지를 받쳐주기도 하고, 또는 내가 먼저 앞서 나아가며 함께하는 이들의 에너지를 끌어올리기도 한다. 어느 위치에서 어떤 역할을 하든 공동의 목표와 꿈을 향해 전진하려면 모두가 플레이메이커가 되어 주체적이고 능동적이며 역동적으로 게임을 펼쳐가야 한다.

역사를 발전시키고 시대를 변화시키는 힘은 곧 이러한 플레이메이커로서의 리더십을 기본 요체로 하고 있으며, 이는 결국 창조적인 마인드^꿈를 통해 자신의 삶을 다양하게 디자인하고 훈련하는 사람들에게 공통적으로 발견되는 품성이요 은사^{恩賜}이다.

Relationship

관계 너와 내가 만드는 우리 에너지

Relationship

꿈은 홀로 완성될 수 없다.
사람과 사람, 국가와 민족,
앞서 지나간 이와 뒤이어 올 이

그리고 종교적 절대자까지

우리는 타인과의 관계를 통해 에너지를 주고받으며
꿈을 이루고 삶을 완성한다.
꿈은 나로부터 출발하지만 나를 넘어 우리에 이른다.

나 개인의 꿈을 넘어 함께 이루어갈
더 위대한 꿈을 품어라.

영웅 탄생의 비밀

등반가이자 탐험가인 에드먼드 힐러리Edmund Percival Hillary는 세계 최고봉인 에베레스트산을 최초로 등정한 인물이다. 이전까지 많은 등반가가 팀을 꾸려 에베레스트에 도전했으나 정상까지 오르는 데는 실패했다. 그 정도로 험난하고 높은 산이기에 정상에 꽂은 첫 깃발의 의미가 클 것이다.

에드먼드 힐러리가 세계 최초로 에베레스트를 오른 영웅이 되기까지 그의 곁에서 묵묵히 그를 도운 이가 있다. 일명 셰르파Sherpa라고 불리는 등반 안내인인 텐징 노르가이Tenzing Norgay는 에드먼드 힐러리와 함께 에베레스트 정상을 올랐고, 정상에 닿는 마지막 한 걸음을 양보함으로써 에베레스트 정복의 기쁨과 영광을 등반가인 에드먼드 힐러리에게 돌렸다. 셰르파인 자신의 역할은 등반가를 정상까지 무사히 안내하고 등반을 돕는 것이기 때문이다.

비단 에베레스트 등정이 아니라도, 우리 삶의 곳곳에는 빛나는 영웅이 탄생하기까지 묵묵히 그를 돕고 지원하는 숨은 영웅들이 있다. 빈센트 반 고흐가 가난 속에서도 그림 그리기를 포기하지 않을 수 있었던 것도 동생 테오 반 고흐의 믿음과 헌신이 있었던 덕분이다. 에디슨이 전구를 발명하기까진 그와 함께했던 14명의 핵심 조력자가 있었다. 스티브 잡스에겐 워즈니악이라는 든든한 동료가, 일론 머스크에겐 테슬라를 함께 창업한 유능한 팀원들이 있었다.

어디 대단한 영웅들만 그러할까. 우리가 우리의 삶을 멋지게 완성해가는 힘도 결국 함께하는 이들로부터 비롯된다. 내가 건설업계에서 나름 인정받는 기업가로 탄탄하게 자리 잡을 수 있었던 것도 좌충우돌하며 함께 길을 찾아갔던 초창기 직원들이 있었던 덕분이다. 어렵고 힘든 공사를 맡았으나 책임감 있게 완수할 수 있었던 것도 함께 고민하고 시도하며 마지막까지 정성을 다해준 팀원들이 있었기 때문이다. 또 기독실업인으로서 교육선교와 청년창업, 구제 등의 사역을 꾸준히 이어갈 수 있는 것도, 더 큰 꿈을 품으며 열심히 나의 길을 갈 수 있는 것도 결국 나와 함께하는 많은 동역자들이 있기 때문이다.

그것은 '내'가 아닌 '우리'가 해낸 일이다

세계 4대 오페라로 손꼽히는 〈투란도트〉는 이탈리아 태생의 작곡가 푸치니Giacomo Puccini의 생애 마지막 작품인 동시에 많은 우여곡절을 겪은 미완성의 작품으로도 유명하다. 푸치니는 열여덟 살에 베르디Giuseppe Verdi

의 〈아이다〉를 듣고 오페라 작곡가가 되려는 꿈을 품었다. 30대 중반부터 대중에게 오페라 작곡가로 알려지기 시작한 푸치니는 62세에 이르자 베르디의 만년의 걸작인 〈아이다〉, 〈오텔로〉처럼 스케일이 크고 웅장한 드라마를 연출하고 싶어졌다. 그때 그가 접한 소재가 바로 희곡 〈투란도트〉이다.

〈투란도트〉는 1710년에 번역된 아라비아 설화집에 들어있던 '투란도트 공주 이야기'를 1762년에 이탈리아의 희곡작가 카를로 고치Carlo Gozzi 가 연극 공연을 위한 희곡으로 재탄생시킨 작품이다. 이후 여러 유명 작가들에 의해 투란도트가 재창작되었는데, 특히 독일 고전문학의 대표 작가인 프리드리히 실러Friedrich Schiller는 고치의 투란도트에 과감히 자신만의 독창적인 해석을 입혔다.

익숙하지 않은 해석 때문인지 실러의 투란도트는 관객에게는 외면받고 점점 기억에서 잊혔다. 그런데 푸치니는 다양한 버전의 〈투란도트〉 중 실러의 해석에 강한 영감을 받게 되고, 〈투란도트〉를 오페라로 창작하기로 했다. 그러나 안타깝게도 푸치니는 3막을 채 완성하지 못하고 암으로 사망하고 만다. 이후 그의 후배였던 프랑코 알파노Franco Alfano가 푸치니의 작곡 노트에 남아 있던 스케치 악보를 취합해 오페라를 완성했고, 2년 후인 1926년에 오페라 〈투란도트〉는 토스카니니의 지휘로 무대에 첫선을 보였다.

한 작곡가로서 운명과의 승부에서 목숨을 내준 대신에 불멸의 성취를 얻게 된 푸치니에게는 알파노와 토스카니니 같은 후속의 동반자가 있었다. 또한 설화로 전해지던 〈투란도트〉를 희곡으로 재탄생시키고, 오페라 창작으로의 영감을 준 카를로 고치와 프리드리히 실러라는 예술의 안내자들이 있었다. 이렇듯 영웅은 한 사람으로 태어나는 것이 아니라 여러 사람에 의해 탄생되고 성장하는 인간관계의 창조적 산물이다.

앞서 말한 에드먼드 힐러리의 에베레스트 첫 정복 역시 함께 산을 오르며 짐을 들어주고 길을 안내해준 텐징 노르가이 외에도 많은 이들의 노력과 헌신이 낳은 위대한 결과물이었다. 1953년 5월에 에베레스트 정상에 이들이 오르기까지 여러 사람에 의한 수차례의 정찰과 시찰 등반이 있었으며, 정상 정복에 실패한 많은 등반가의 경험 또한 소중한 안내서가 되어 주었다.

비록 영웅 뒤에 가려 자신의 이름을 빛낼 순 없지만 함께한 모든 이의 에너지가 모여 세상을 더욱 발전적으로 변화시키고 있음은 두말할 나위가 없다. 게다가 이는 어느 한쪽의 일방적인 희생을 요구하는 불공정한 경쟁이나 서로 자신이 영웅이 되겠다는 막무가내식의 경쟁이 아니다. 자신의 자리에서 충실히 역할을 해냄으로써 모두가 함께 이뤄낸 발전과 성취이기에 더욱 의미 있고 값지다.

꿈은 혼자 이루려 하면 막연한 바람에 머물 수 있으나 함께 나아가면 현실이 될 수 있다. 그러니 꿈을 현실로 구현하기 위해서는 나와 뜻을 함께하는 이들과 에너지를 합쳐 목적지를 향해 나아가면 된다. 수학적 계산에서는 1 더하기 1은 2라는 분명한 결과를 낳지만, 사람의 일에선 전혀 다른 답이 나온다. 1 더하기 1은 2가 아닌 100이 될 수 있고 1,000도

될 수 있다. 서로의 생각을 보탬으로써 생각지도 못한 기발한 아이디어가 나오기도 하고, 혼자라면 놓쳤을 법한 깊은 통찰도 나올 수 있다. 그리고 무엇보다 포기하고 싶을 만큼 힘들고 절망스러운 순간에도 서로 밀어주고 끌어주며 조금씩이라도 앞으로 나아갈 수 있다.

영웅을 만드는 진짜 영웅들

한류의 상징이자 세계적인 보이그룹 BTS의 성공 신화 뒤엔 데뷔 초부터 세계무대를 공략한 방시혁 대표의 큰 그림이 있었다. 그런데 그에 못지않은 강력한 에너지로 BTS의 성장을 도운 이들이 있다. 영웅을 만든 또 다른 영웅들, 세계 최고의 팬덤 '아미ARMY'가 바로 그 주인공이다.

전 세계적으로 대략 1,000만 명 이상일 것이라고 추정되는 아미는 BTS에 팬으로서의 호감과 열정을 넘어 강한 연대감을 가지고 있다. 그들은 BTS가 대중에게 많이 알려지지 않았던 연습생 시절부터 늘 그들과 함께하며 힘이 되어 주었다. 활짝 핀 꽃으로 BTS를 만나 그 매력에 흠뻑 빠져든 것이 아니라 그들이 씨앗이던 때부터 싹을 틔우고 가지를 뻗으며 꽃을 피우기까지, 모든 과정을 함께한 것이다.

BTS는 연습생 시절부터 다양한 SNS를 통해 노래와 안무의 연습은 물론이고 소소한 일상생활까지 팬들에게 전하며 소통했다. 이런 BTS의 모습에 팬들은 자신들과 전혀 다른 세상을 사는, 그야말로 '저 하늘의 스타'가 아닌 가까이에 있는 친구와 같은 느낌을 받으며 호감을 키워왔다. 데뷔 이후에도 BTS는 방송 출현 등 돈이 많이 드는 홍보 대신 SNS를 통한 팬들과의 소통에 주력했다. 덕분에 그들의 진정성 있는 모습과 음악에 감동하며 팬덤은 더욱 강력해졌고, 아미는 자발적으로 BTS의 열성적인 홍보대사가 되었다.

아미는 BTS의 콘텐츠를 재가공하여 2차 콘텐츠 생산과 전파를 통해 BTS를 적극적으로 세계에 알리는 것은 물론이고, 안티팬들의 공격에서 BTS를 보호해주고, 언론의 오보를 집단으로 항의하여 바로잡아주는 등 BTS의 수호자 역할까지 하고 있다. 그뿐만 아니다. 아미는 인권운동, 정치 문체, 전쟁 등 세계의 주요 이슈들에도 올바른 목소리를 내며 선한 영향력을 펼치고 있다.

자신이 좋아하는 스타에 대한 광적인 애정은 자칫 편협한 모습으로 표출돼 오히려 스타의 이미지까지 망치는 경우가 있다. 그러나 아미는 BTS의 진정성 있고 올바른 이미지를 망치지 않도록 그들 또한 올바르고 정의로운 방식으로 사고하고 행동하며 팬덤을 표출하고 있다. 아미의 이러한 모습은 BTS의 이미지를 더욱 긍정적으로 전하는 선순환의 고리가 되어주었고, BTS를 세계 최고의 보이그룹으로 인정받게 하는 가장 큰 힘이 되어 주었다.

나 혼자 잘나서 성공하던 시대는 끝났다. 막대한 자본을 쏟아부으며 대대적인 언론 홍보를 통해 스타를 만들어내던 시대도 끝났다. 이제 '사람'의 마음을 얻고 그들의 에너지를 모으지 못하면 결코 영웅이 될 수 없는 세상이 왔다. BTS 역시 한결같은 마음으로 응원하고 믿어주던 사람들이 있었던 덕분에 그들과 함께 시너지를 창출할 수 있었고, 세계적인 인정을 받을 수 있었다.

비즈니스의 성패에도 사람의 힘은 절대적이다. 빌 게이츠는 신입사원을 뽑을 때 헬기를 보냈을 정도로 함께하는 사람의 중요성을 알았다. 세계 최고경영자 530명에게 "무엇 때문에 밤잠을 설치는가?"라고 물은 조사에서도 가장 많은 이가 '인재 때문'이라고 답했다. 회사의 비전을 이해하고 공감하며, 공동의 목표를 향해 자신의 능력을 최대한 발휘해 줄 인재를 찾는 것이 그만큼 중요하다는 의미일 것이다.

기업이 이렇듯 인재의 확보에 정성을 쏟는 것은 그들의 성장과 성공이 결코 한두 명의 탁월한 천재에 의해 창출되는 것이 아니란 것을 잘 알기 때문이다. 기업의 성장과 성공은 구성원 모두의 협력에서 비롯된다. 그런데 이때의 협력은 단순한 근로 계약의 결과물이 아닌 비전을 공유한 동료들 간의 상생을 위한 윈-윈의 결과물이어야 한다. 그래서 기업은 인재의 확보 못지않게 그들의 능력을 최대치로 끌어내고 성장시켜 주는 데도 정성을 쏟아야 한다.

BTS와 아미의 관계를 통해서도 알 수 있듯이 영웅에 대한 찬사보다 더 중요한 것은 그들 뒤에서 묵묵히 조력해주었던 숨은 영웅들에 대한 인정일 것이다. 예술, 문화, 학문, 정치, 비즈니스 등 삶의 모든 영역에서 꿈을 이루고 우리의 삶을 의미 있게 완성하기 위해서는 함께하는 사람의 힘이 무척이나 중요하다. "자신보다 현명한 사람을 주위에 모으는 방법을 알고 있는 사람, 여기 잠들다."라는 철강왕 데일 카네기의 묘비에 적힌 글귀처럼 어떤 사람과 함께하는가, 그리고 함께하는 사람들에게 나는 어떤 사람인가를 생각하며 '함께'의 힘과 가치를 늘 소중하게 여겨야 한다. 나와 함께하는 이들이 나의 성공을 돕듯이 나 또한 그들의 성공을 도우며 진정 윈-윈하는 창조적 관계를 만들어가야 한다.

사람이 힘이고 길이다

삶을 살아가는 동안 누구와 함께하는가는 무척이나 중요하다. 좋은 사람들과 함께하며 그들에게서 좋은 기운을 받고, 나 또한 그들에게 좋은 기운을 전하려 노력한다면 서로의 삶을 더욱 발전적으로 이끌 수 있다. 게다가 그 관계에서 발생하는 긍정적 기운이 더 많은 사람에게 전해지며 강력한 나비효과까지 일으킬 수 있다.

데이비드 브룩스의 《두 번째 산》 책 앞면 표지에는 "삶은 '혼자'가 아닌 '함께'의 이야기다"라는 표어가 있다. 나는 이 '함께하는 정신'이 인간 사회의 관계성을 대표하는 지주와도 같은 의미로 와 닿는다. 평생의 동지로 함께하는 아내, 그리고 사랑하는 가족이 나의 삶을 완성하는 데 큰 힘을 주었음은 두말할 나위가 없다. 또 건설업을 하며 함께했던 동료들과 직원들도 내겐 무척이나 큰 힘이 되어 주었다. 그리고 기독교인으로서 국내외 여러 곳을 다니며 자비량 사역을 할 때도 많은 분이 마음을 함께 모아주었던 덕분에 더 큰 힘을 얻을 수 있었다.

나와 함께했던 많은 사람으로부터 받은 감사와 기쁨이 얼마나 크고 소중한지를 알기에 나 또한 누군가에게 이런 '함께'의 힘을 느끼게 해주고 싶다. 멀리 타국으로 선교 여행을 다닐 때도 그곳의 사람들이 조금이라도 더 나은 삶을 살아갈 수 있도록 힘껏 도왔으며, 귀국하여 이곳에서의 삶을 살 때도 내 울타리 너머의 사람들까지 함께 따뜻할 수 있도록 애썼다. 내 안의 열정과 온기를 나누며 모두가 함께 풍요로워지는 삶이 결국엔 나를 행복하게 해줌을 잘 알기 때문이다.

그대는 누구와 함께인가?

삶에 있어 가장 소중한 인연을 꼽으라면 단연 '가족'일 것이다. 나 또한 그러하다. 아내는 50년 가까운 긴 세월을 든든한 사업적 동지이자 반려자로 함께하고 있고, 장성한 자녀들 또한 가정과 사회에서 올바르게 자신의 역할을 하며 내게 끝없이 정신적 에너지를 채워주고 있다. 뿌리가 이렇듯 건강하고 튼튼하니 나는 수십 년의 세월 동안 무슨 일을 하든 자신감이 넘치며 책임감까지 솟아나고 있다.

이런 이유로, 나는 창업을 생각하는 청년들에게 일찍 결혼하여 가정부터 꾸려보라고 조언한다. 안정적인 기반을 갖춘 후에 결혼하려는 경향이 강한 요즘 청년들에겐 다소 의아한 말일 수도 있다. 그러나 나의 경우엔 결혼해서 일찍 가정을 꾸린 것이 삶에 큰 힘이 되어주었다. 가장으로서 아내와 아이들을 잘 보살펴야 한다는 강한 책임감은 사업가로서의 나를 더욱 강인하게 만들어주었고, 내 가족에게 부끄러운 사람이 되지 않아야 한다는 마음은 나를 늘 올바른 길로 걸을 수 있게 해주었다.

가족은 내 어깨를 무겁게 만드는 불편한 짐이 아니라 나도 모르던 내 안의 능력을 끌어내어 나를 더 강하게 하는 존재였다. 자녀들을 향한 마음이 아버지로서의 책임감과 사랑이었다면 아내에 대한 마음은 더 깊고 특별하다. 사람이 힘이 되고 길이 됨을 깨닫게 된 것도 결국엔 60년 가까운 인연을 이어온 아내 덕분이다.

고등학교에 진학하던 열일곱 살에 나는 아내를 처음 만났다. 그리고 10년 후인 스물일곱 살에 결혼하여 가정을 꾸렸다. 우리는 50년 가까운 세월을 함께하며 세 명의 자녀와 아홉 명의 손주를 보았다. 두 사람이 함께한 긴 시간도 감동이지만 그 안에 만들어온 부부로서, 사업의 파트너로서, 하나님을 믿는 사람으로서의 인연도 이루 표현할 수 없을 정도로 감사하고 감격스럽다. 또 무엇보다 아내는 내 평생의 은인이다. 청년 시절에 깊은 방황으로 결국 대학 입시에 실패하고 재수, 삼수까지 하게 되니 부모님조차 내게 걸었던 기대를 내려놓으셨다. 그때 아내는 마지막까지 내 옆을 지키며 믿어주고 응원해주었다. 극심한 우울증과 고뇌를 안고 살아왔던 암울한 시기를 극복하고 가정과 기업을 안정되게 꾸릴 수 있었던 것도 모두 아내의 변함없는 믿음과 사랑 덕분이었다.

나는 아내에게 우리는 '삼동지간三同之間'이라는 말을 종종 한다. 결혼하여 함께 가정을 꾸렸으니 '인생의 동반자'요, 40년 넘게 함께 사업을 하고 있으니 '사업의 동반자'이다. 그리고 종교적 신념을 함께하며 사역자의 삶을 살고 있으니 '미션의 동역자'이기도 하다. 삶에 있어 가장 중요한 것들을 평생 함께하니 아내는 내게 무척이나 중요하고 소중한 사람이다.

아내가 힘들고 지친 모습을 보일 때면 나는 '우리는 삼동지간三同之間임'을 강조하며 그 감사하고 소중한 마음을 전한다. 다행히 그 말이 큰 위로가 되고 힘이 되는지 아내는 금세 표정이 밝아지며 평소의 에너지 넘치는 모습으로 돌아온다. 그런데 단순히 아내를 위로하기 위해 그런 말을 하는 것이 아니라, 나는 진심으로 우리의 관계를 그렇게 생각한다. 그동안 아내가 한마음으로 나를 내조해온 것에 늘 감사하며 고난과 좌절의 순간에도 한결같이 내게 힘이 되어 주었음을 한시도 잊은 적이 없다.

일생을 사는 동안 이토록 감사하고 소중한 존재와 함께할 수 있다는 것은 큰 복이 아닐 수 없다. 이런 내 삶의 생생한 깨달음을 바탕으로 나는 청년들에게 일찍 결혼하여 배우자와 자녀로부터 강한 에너지를 얻어 함께 꿈을 향해 나아가길 조언하는 것이다. 특히 요즘은 여성들의 사회 진출이 너무나 당연하게 여겨지니 기왕이면 부부가 업을 함께하면서 좋은 일이든 궂은일이든 같이 손을 맞잡고 해결해간다면 사업의 동지로서 생겨나는 끈끈한 애정과 힘까지 얻을 수 있을 것이다.

관계의 회복이 주는 힘

"네게 그 장미꽃이 그토록 소중한 것은 네가 그 꽃을 위해 공들인 오랜 시간 때문이야."

어린 왕자에게 여우가 한 이 말은, 시간과 정성에 비례해 관계의 소중함이 커진다는 것을 일깨워준다. 30년 넘게 사용해온 낡은 찻잔이 오늘 새로 산 값비싼 찻잔보다 더 소중한 것도 그것과 함께한 오랜 시간이 있기 때문이다.

새로운 인연과 관계 맺음을 하는 것도 반갑고 좋지만 이미 맺은 관계를 잘 유지하는 일도 무척 중요하다. 그리고 의도치 않게 소원해진 소중한 관계를 다시 회복하는 일도 이전의 관계를 잘 유지하는 것만큼이나 중요하다. 나 또한 소원해진 관계를 회복함으로써 너무나 큰 감사와 기쁨을 맞았던 경험이 있다.

나는 마흔셋이라는 적지 않은 나이에 교회에 처음 나가게 되었으나 사실 하나님과의 인연은 그보다 훨씬 이전인 열일곱 살 때부터였다. 지역 최고의 명문고인 경북고에 합격한 후 입학식을 기다리던 정월 대보름 즈음에 나는 복조리 장사로 위장하여 아내의 집에 찾아갔다. 친구로부터 소개를 받기로 했으나 차일피일 미루어지자 내가 직접 찾아가 교제를 허락받기로 한 것이다. 당시엔 요즘과 달리 정월 대보름을 앞두고 복조리를 사고팔던 풍습이 있었던 터라 아내의 집 대문을 여는 것이 그리 어렵지 않았다. 그러나 아내의 어머니인 나의 장모님이 교제를 허락할 리 만무했다.

"교회에 나오면 내 딸과 친구로 지내는 것을 허락하겠네."

논리와 감성을 총동원하여 나를 어필하던 내게 장모님은 딸과 교제를 허락하는 조건으로 교회에 나오라는 단 한 가지의 제안을 하셨다. 나는 귀를 의심했다. 너무나 쉬운 조건이었다. 망설일 이유가 없었기에 흔쾌히 그러겠노라 약속했다. 하지만 오랜 시간 동안 그 약속을 지키지 못하다가 결국 25년이 지난 마흔셋이 되어서야 교회에 등록하고 출석했다.

열일곱 살에 만났어야 할 하나님을 25년간 외면해오다 그제야 관계를 회복하고 제대로 만나게 된 것이다. 그래서일까. 이전까지 알지 못했던 삶의 새로운 기쁨과 행복감을 맞게 되었는데, 그중 하나가 아이들과의 관계회복이다. 사업 초창기엔 안정된 기반을 잡기 위해, 그리고 사업이 어느 정도 안정기에 접어든 후엔 더 큰 성공을 바라며 거의 모든 시간을 일에만 집중했다. 그러다 보니 아이들과 놀아주거나 소소한 일상의 이야기를 나눌 여유조차 없었다.

시간이 부족하기도 했으나 당시만 해도 자녀는 엄마가 챙기고 양육해야 한다는 생각이 강했다. 아내가 전업주부가 아님에도 나는 아이들의 교육과 양육을 모두 아내에게 떠넘겼다. 아버지로서 책임감은 컸으나 따뜻이 정을 주지는 못했기에 아이들도 나를 가까이하는 것을 어려워했다. 나에게 직접 해도 되는 이야기를 제 엄마를 통해 전했고, 함께 집에 있는 시간에도 도통 내 가까이에는 오지를 않았다. 뭔가 잘못돼가고 있다는 것을 느꼈지만 관계의 회복을 위한 좋은 방법이 떠오르지 않았기에 그냥 그러려니 하며 지냈다.

그러던 중에 우연한 기회에 아이들의 손에 이끌려 하나님을 만나게 되었고, 이후 가족 모두가 한 데 모여 가정예배를 하고 손잡고 기도도 하면서 자연스레 함께 보내는 시간이 늘어났다. 게다가 "너희가 나의 믿음의 선배이다."라고 말하며 존중해주니 아이들은 마음을 열고 더 가까이 다가와 주었다. 먼저 찾아와 고민 상담도 하고, 자기들끼리 노는 놀이에 나를 끼워주기도 했다. 또 주말이면 함께 운동도 하고 등산도 다녔다. 늘 엄하고 무서운 아버지로만 여겨졌던 내가 하나님과의 관계회복을 계기로 아이들과의 관계 또한 극적으로 변화하고 회복되니 가족들 안에서 아버지로서의 위상과 역할이 새로워지는 감사가 찾아온 것이다.

놀라운 변화는 여기서 그치지 않았다. 늦은 나이에 교회에 나가게 된 만큼 겸손하고 진실한 자세로 사람들을 대하고, 교회에서 진행하는 여러 프로젝트에 내 나름의 창의적인 아이디어도 제안하면서 그들 사이에서도 인정과 존중을 받게 되었다. 게다가 내가 제안하고 기획한 아이디어들의 성과까지 좋으니, 그 모든 것이 내게 좋은 에너지로 작용하여 자연스레 리더십까지 성장해갔다. 덕분에 크리스천 기업인과 전문인 4,500여 명이 회원으로 활동하고 있는 한국기독실업인회^{CBMC} 중앙회장에 선출되기까지 하여 더 큰 봉사와 섬김의 기회를 얻기도 했다.

이렇듯 정성을 들인 모든 관계는 그 소중함만큼이나 강한 에너지가 되어 내 삶을 더욱 빛나게 해준다. 특히 소중한 이들과의 소원했던 관계의 회복은 내 삶의 뿌리를 더 탄탄히 해주고 나아가야 할 길을 더욱 분명하게 보여준다.

함께할 때 비로소 위대한 것이 탄생한다

아내와 함께했던 긴 세월이 나의 삶을 완성하는 데 큰 힘을 주었음은 두말할 나위가 없다. 그리고 건설업을 하며 함께했던 동료들과 직원들도 내겐 무척이나 큰 힘이 되어 주었다. 또한 기독교인으로서 국내외 여러 곳을 다니며 자비량 사역을 할 때도 많은 분들이 마음을 함께 모아 주었던 덕분에 더 큰 힘을 얻을 수 있었다.

그런데 함께해야 하는 사람은 비단 내 옆의 사람들만은 아니었다. 위기에 처했을 때 생각지도 못한 이들로부터 큰 도움을 받았던 경험들을 통해 나는 삶이란 내 가족과 동료의 울타리를 훌쩍 뛰어넘는, 수많은 이들이 서로 연결되어 긍정의 에너지를 주고받는 것임을 깨닫게 됐다.

둘째가 태어나고 얼마 지나지 않아 하루아침에 셋집에서 쫓겨나 길바닥으로 나앉을 위기에 처했을 때도 나는 사람들의 도움으로 위기를 극복했다. 집주인이 저질러 놓은 사채를 갚고 우리 부부가 그 집을 인수하려면 430만 원이 필요했다. 감사하게도 양가에서 각 100만 원씩의 도움을 주셨다. 그러나 나머지 돈을 구하는 일이 너무나 암담하여 우리는 어린

72

자식들의 얼굴을 바라보며 발만 동동 굴려야 했는데 그때 기적처럼 '천사'가 나타났다.

당시 나는 서른 살의 나이에 대학교 3학년생이었는데, 고맙게도 같은 과 동급생인 P군이 자기 아버지께 내 이야기를 하며 도움을 구했다고 했다. P군의 아버지는 당시 이름 있는 은행의 지점장이었는데, 아들로부터 내 사연을 들으시곤 한번 찾아오라고 하셨다고 했다. 그분을 만나 상황을 설명해드리고, 집을 수리해서 파는 대로 융자금을 일시에 다 갚겠다고 소신 있게 말씀드렸다. 나를 한참 뚫어지게 쳐다보시더니, 하도 딱하셨던지 "알았다. 200만 원은 내가 보증해서 빌려줄 테니 꼭 성공해라." 라고 하시는 게 아닌가! 너무나 감사한 마음에 나는 그 자리에서 무릎을 꿇고 큰절을 드렸다.

나머지 돈과 집수리에 필요한 돈도 주위 친구들이 십시일반으로 도움을 주었다. 그렇게 많은 분의 도움과 정성으로 집을 인수하고 수리해 판매했고, 그 차액으로 결국엔 창업까지 할 수 있었다. 이렇듯 삶은 눈앞의 주고받음을 넘어 보이지 않는 영역에서조차 서로에게 좋은 기운을 전하고, 고난과 역경의 순간에 누군가 내밀어준 손을 붙잡으며 다시 힘을 내어 뚫고 나오기도 한다.

사업을 할 때도 나는 그 어떤 말로도 감사한 마음을 온전히 표현할 수 없을 정도의 은인들을 많이 만났다. 그중 한 분이 지금은 고인이 된 박수현 소장이시다. 아산화력발전소 '턴키^{turnkey}' 프로젝트를 시작으로 우리 회사는 여러 굵직한 공사를 진행하며 기업의 역량을 키울 기회를 얻게 되었다. 특히 '조경 및 준공대비공사'의 모든 공정을 한 묶음으로 하여 '턴키 베이스'로 공사를 하였으니 우리 회사가 받은 하도급 규모도 상당히 컸던 터라 그 과정에 일을 함께 수행할 유능하고 책임감 있는 '사람'이 무엇보다 중요했다.

아산화력발전소 준공 공사 당시, 우리 회사는 처음으로 큰 규모의 공사를 맡았고 수익금도 컸다. 그런데 공사를 준비하는 과정에서 심각한 문제와 직면했다. 높이 5m, 폭 8m의 규모로 나팔꽃 모양의 분수대를 시공해야 했는데, 양면으로 곡선이 잡히기에 거푸집을 짜기가 무척이나 어려웠다. 이미 확정된 디자인이라 중도에 변경할 수도 없어 난감하기 그지없었다.

과연 이 어려운 일을 누가 해낼 수 있을까를 고심하다가 신세계백화점 본점 앞에 있는 분수대를 만든 팀을 수소문했다. 그 정도의 실력이라면 이번 일도 잘 해낼 수 있을 것 같았다. 알고 보니 그 분수대는 동작동 국립서울현충원 내의 충혼승천상忠魂昇天像, 호남남해고속도로 준공기념탑 등 다수의 유명 조각작품과 건설물을 설계하고 제작한 남산미술원이 이끈 팀의 작품이었다.

나는 남산미술원에서 일한 부장급 요원 중의 한 사람이자 최고의 실력자인 박수현 소장에게 아예 우리 회사로 옮겨와 나와 함께 일하자고 부탁했다. 그런데 그분은 일과 관련해서 조언은 해줄 수 있으나 회사를 옮겨와서 도움을 주기는 힘들다고 했다. 그때부터 나는 그분에게 계속 찾아가며 삼고초려했다. 내가 그 일을 꼭 해내야 하는 이유를 말하며 함께해주길 간절히 호소하기도 했고, 어느 날은 아무 말 없이 그의 지난 이야기를 들어주며 공감하고 함께 웃고 울어주기도 했다.

진심이 통했던 덕분인지 감사하게도 그는 남산미술원을 퇴사하고 우리 회사로 와주었다. 이후 우리 회사가 진행하는 굵직한 공사들에서 현장소장으로 일하며 너무나 감사한 헌신을 해주었다. 난생처음으로 큰 공사를 맡았던 아산화력발전소 공사 현장에선 땅을 고르고 씨앗을 뿌리는 우직한 농부처럼 아마추어 직원들을 가르치고 훈련하면서 공사를 성공적으로 이끌어주었다. 이후에도 늘 나와 함께하며 까다롭고 힘든 구조물공사 및 환경시설공사의 대부분을 맡아서 현장소장 업무를 수행해 주었다.

지금 와서 돌이켜 보면 꿈같은 일이다. 천지도 모르고 덜컥 회사를 개업해 놓고, 아무런 실무경험도 없는 아마추어 직원들을 데리고 한국 최대의 국가기관인 한국전력의 발전소 공사를 맡다니! 더군다나 단종이라는 기초면허도 없이 한국 최대의 건설회사인 현대건설을 상대로 '턴키베이스'로 게임을 벌이고, 성공적인 결과물까지 도출해냈다. 그 초인적 발상의 아이디어와 열정을 돌이켜 보니 그저 꿈같이만 여겨진다. 그런데 그 꿈만 같던, 당돌한 도전을 현실에서 성공으로 이끌어주신 분이 다름 아닌 박수현 소장이시다.

내 삶의 곳곳에서 이토록 귀한 인연이 있었던 덕분에 지금의 나를 이룰 수 있었고, 미약하나마 나의 땀과 눈물을 더 많은 사람과 나눌 수 있었다. 위대한 것을 이루는 이는 특별한 누군가가 아니다. 평범한 사람들이 모여 마음을 모으고 도움을 주고받으며 서로를 끌어주고 밀어주며 함께 위대한 것을 만들어간다. 앙투안 드 생텍쥐페리는 "타인과 함께, 타인을 통해서 협력할 때에야 비로소 위대한 것이 탄생한다."라고 했다. 이때의 '위대한 것'이란 비단 숫자로 측정되는 세속적인 성과나 성취만은 아닐 것이다 세상을 더욱 긍정저이게 변회시키는 선한 영향력, 소외된 이웃을 살피고 돌보는 아름다운 온정, 역경과 고난에도 포기하지 않고 나아가게 하는 따뜻한 격려 등 여러 아름다운 마음들이 모여 결국 우리의 삶을 위대하게 완성해나가는 것일 테다.

'제로섬 게임'이 아닌 '포지티브섬 게임'이다

아프리카의 황량한 사막지대에 서식하는 포유류 '미어캣'은 30마리 정도가 무리를 지어 산다. 이들은 천적으로부터 무리를 보호하기 위해 자신들이 모여 사는 동굴 앞에서 교대로 보초를 선다. 미어캣은 '사막의 파수꾼'이라는 별명에 걸맞게 작열하는 태양 아래서도 나무 꼭대기나 바위 위에 올라가 최대한 시야를 확보해서 주위를 살핀다. 그리고 적이 공격해오면 온몸으로 막아서며 필사적으로 무리를 지켜낸다. 서열이나 나이에 상관없이 모두가 목숨을 내걸고 보초를 서고 적을 막아낸다. 모두를 지키는 것이 곧 자신을 지키는 일임을 잘 알기 때문이다.

아프리카의 들개 '리카온' 역시 20~30마리가 함께 무리 지어 생활한다. 사자나 하이에나보다 덩치가 작은 리카온은 평소엔 산토끼, 멧돼지와 같은 작은 동물을 사냥하거나 얼룩말, 누gnu와 같이 덩치는 크나 힘이 약한 동물을 잡아먹는다. 그러나 사냥 거리가 없어서 굶주림이 심해지면 리카온은 자신보다 덩치가 크고 힘도 센 사자와 하이에나를 공격하기도 한다. 무리의 힘은 이때 유용하게 쓰인다. 목표가 된 사자나 하이에나를 무리가 동시에 공격하는 것이다. 이 과정에서 큰 상처를 입는 리카온이 생기기도 하는데 이때도 다른 리카온들이 돌봐주기에 모두가 두려움 없이 용맹하게 싸울 수 있다. 이런 강력한 무리의 힘 때문에 아프리카 초원의 최고 맹수인 사자나 하이에나조차도 리카온이 나타나면 자리를 피한다.

늘 천적의 공격을 경계해야 하고, 굶어 죽지 않기 위해 서보다 힘이 센 맹수까지 사냥해야 하는 아프리카의 동물들은 이렇듯 공동체의 힘을 적극적으로 활용한다. 나를 지키듯이 동료들을 지켜내고, 사냥한 먹이를 서로에게 나눠주며 함께 배고픔을 이겨낸다. 나 혼자만 살겠다고 도망치지도 않으며, 나 혼자만 더 많이 먹겠다고 동료의 것을 빼앗지도 않는다. 몸만 뭉쳐서 사는 것이 아니라 마음 또한 함께해야지만 생존할 수 있다는 것을 본능적으로 알고 있기 때문이다.

생존을 다시 고민하다

코로나 팬데믹 쇼크가 인류에게 던진 화두는 다름 아닌 '생존'이다. 더 나은 삶을 위한 성취와 성공에 몰두하던 인류는 다시 "어떻게 살아남을 것인가? 바이러스로부터 생명을 지키고, 경제 위기로부터 삶을 지키는 방법은 무엇인가?"라는 가장 근원의 질문으로 돌아갔다. 그리고 질문의 끝에서, 아프리카 사막지대의 동물들이 그러하듯이 서로를 지키고 위하는 '상생'을 그 답으로 찾았다.

코로나 바이러스는 타인의 건강과 생존을 위하지 않고서는 나의 건강과 생존도 보호받기 힘들다는 것을 새삼 깨닫게 해주었다. 한여름 무더위에도 마스크를 벗지 않고, 사적인 만남을 자제하며, 엄청난 영업 손실에도 불구하고 정부의 지침에 따라 영업시간과 수용인원을 제한한다. '우리'를 지켜야지만 나를 지킬 수 있기 때문이다.

'나'는 정신적으로나 육체적으로 독립된 존재이지만 결코 홀로 살아갈 수 없다. 나의 삶은 가족과 이웃, 그리고 세상과 함께하며 그들 속에서 만들어지고 완성되어간다. "빨리 가려면 혼자서 가고 멀리 가려면 함께 가라"라는 아프리카 속담처럼 함께하는 이를 배려하지 않고는 성취가 쉽지 않다. 설령 성취한다고 해도 쉽게 무너지고 만다. 오랜 세월 사업과 선교 활동을 해온 나로서는 이 말이 우리 삶에 전하는 의미를 절절히 느낀다. 삶이든 일이든 서둘러 빨리 도달해야 하는 경우는 그다지 많지 않다. 오히려 대부분은 주위 사람들과 함께하며 더 오랫동안, 더 멀리까지 가야 하는 것들이다.

나는 처음 사업을 시작하며 건설업에 대해 아는 것도 없고, 자본도 밑바닥인 처지라 우선 하도급업체의 형태로 출발했다. 그러다가 사업이 어느 정도 안정권에 접어들자 주식회사로 전환해서 독자적으로 공사를 진행했다. 15년 가까운 하도급업체의 경험은 이후 사업을 꾸리는 데 큰 도움이 됐다. 무엇보다 협력업체의 애환을 뼈저리게 느꼈기에 함께하는 사람들과 진심을 나누며 배려하고 협력하면서 나아가게 되었다.

나는 가능하면 우리 회사가 진행하는 공사에 함께 참여하는 업체들은 일에 대한 정당한 보상은 물론이고 인간적인 관계에서도 가족처럼 신경을 써주고 잘 대해주려 노력한다. 일에 있어서 완벽함을 추구하는 것과는 별개로 사적인 영역에서는 내 형제와 가족을 대하듯이 신심을 나누는 것이다. 그 덕분인지 우리 회사와 함께하는 파트너들은 수십 년 동안 긴 인연을 이어온 팀들이 대부분이다.

건설은 공사의 종류와 규모에 따라 필요로 하는 전문팀이 다를 수 있다. 즉, 설계, 토목, 철골, 전기, 기계 등 다양한 세부 영역이 일률적으로 모든 공사에 참여하는 것이 아니라 공사의 종류와 규모에 따라 각 팀의 참여 여부가 결정된다. 그래서 모든 공사에 항시 들어가는 팀 외의 인력은 그때그때 외부에서 보충한다. 이때 우리 회사는 하도급업체와 갑을 구조가 아닌 파트너로서의 수평 구조로 서로 소통하고 감사하며 일해 왔기에 수십 년의 인연이 가능했을 것이다.

사업을 할 때 파트너로서의 오랜 인연이 어느 한쪽이 아닌 양쪽 모두에게 도움이 되는 것은 두말할 나위가 없다. 특히 건설업과 같이 팀워크가 중요한 일에서 오랫동안 손발을 맞추며 일해 온 팀들의 힘은 생각보다 강하다. 소통이 잘되니 일의 속도도 빠르고 완성도도 높다. 그리고 해결이 쉽지 않은 난관에 부딪혀도 각자의 이익이 아닌 '우리'의 이익을 함께 생각하기에 어떻게든 헤쳐 나가게 된다.

비록 같은 회사에 소속되지는 않았으나 일을 함께하는 사람들 간의 공동체 의식은 일을 함께하지 않을 때도 늘 상대를 위하고 배려하는 마음으로 이어진다. 나의 경우, 일이 없어 어려운 상황에 놓인 사람이나 팀은 그를 위해 일부러 일감을 만들어주기도 하고, 우리 회사에 적절한 일이 없을 땐 다른 회사의 일을 연결해주기도 한다. 때로는 반대의 경우도 있다. 공사에 자주 활용되는 기술이 아닌 특별한 기술 인력의 경우엔 외부의 추천으로 적임자를 찾기도 한다.

다른 업종도 그러하겠지만 특히 건설업은 함께하는 사람은 물론이고 동종업계 사업자들끼리도 상생의 철학 없이는 생존조차 보장받기 어렵다. 관공사의 수주를 비롯한 대형공사의 경우 입찰을 통해 시공을 수주받는 형태이다 보니 얼핏 보면 동종업체끼리 서로 죽고 죽이는 경쟁만 할 것 같으나 절대 그렇지 않다. 공정한 경쟁을 하는 것은 물론이고 그 바탕엔 서로를 배려하고 돕는 상생의 정신을 두며 함께 발전하고 성취해 나간다.

상호보증제가 그 대표적인 예이다. 건설업계에서는 관공사를 수주하게 되면 다른 업체의 보증이 꼭 필요한데, 이때 업체들끼리 품앗이 형태로 주고받으며 상호보증을 해주곤 한다. 이는 단순히 도장만 한번 찍어주는 것이 아닌, 만에 하나 일이 잘못되면 공동체로서 책임을 지겠다는 의미이다.

이 외에도 경쟁업체가 당장 사용해야 할 자재를 구하지 못해 곤란에 처했을 때 마침 우리 회사에 여유분이 있다면 챙겨주거나 해당 자재를 구할 수 있는 곳을 소개해주기도 한다. 경쟁사의 고충이나 문제를 모른 척하면 당장은 내게 이익인 듯 보일지 모르나 결국엔 서로를 짓밟고 위로 올라서는 제로섬 경쟁을 부추겨 모두가 함께 침몰할 위험이 커진다.

우리 사회 곳곳에서 나와 함께하는 모든 사람은 적이나 경쟁자가 아닌 동료이자 동지이다. "주변 사람들의 성공을 도와라."라던 앤드루 카네기의 말처럼 나의 성공은 주변 사람들의 성공과 연결돼 있다. 내가 가진 열정과 능력, 희망 등의 창조적 에너지를 나누고 인맥이나 정보 등의 실질적인 도움도 주고받으며 함께 발전하고 성공으로 나아간다.

이는 비단 사업만의 이야기가 아니다. 조금 번거롭더라도 쓰레기를 분리하여 배출함으로써 자원을 재활용하고 환경을 보호할 수 있다. 성과나 진급을 두고 당장은 경쟁하는 듯 보이나 내 옆에 있는 직장의 동료들은 결국 나와 같은 배를 타고 가는 공동체이다. 당장 내게 돌아오는 이득은 없을지라도, 내가 속한 공동체와 지역사회의 공익을 배려한 협력만이 나와 내 가족의 건강과 생명을 더욱 아름답게 지키고 부흥시키는 보루가 될 것이다.

모두의 꽃을 피워라

세계적인 경영 컨설턴트 스티븐 코비Stephen Covey 박사는 그의 저서《성공하는 사람들의 7가지 습관The 7 Habits of Highly Effective People》에서 "성공한 사람들은 항상 윈-윈win-win을 생각한다."라고 했다.

스티븐 코비 박사의 조언처럼 나 혼자만의 이익이 아닌 함께하는 모든 사람의 이익을 생각하며 나아갈 때 모두가 승자가 되는 포지티브섬 게임positive-sum game의 결과를 낳을 수 있다.

포지티브섬 게임은 경영학에서 자주 등장하는 게임이론 중 하나로 화합과 협력을 통해 모두가 성과를 얻고 승자가 되는 게임이다. 스포츠로 예를 들자면, 수영, 육상, 마라톤과 같이 승패가 아닌 기록의 향상에 더 큰 의미를 두는 종목이 여기에 속한다. 경기에 참여한 다른 선수들의 열정이 내게도 긍정의 에너지로 작용해 모두가 함께 기록을 향상하는 것이다.

포지티브섬 게임과 반대되는 개념의 제로섬 게임zero-sum game은 상대의 것을 빼앗아서 내 것을 챙겨야 하는, 승자와 패자가 분명한 게임이다. 스포츠로 예를 들자면, 농구나 축구, 복싱, 레슬링, 유도 등 상대를 무너뜨림으로써 승패를 가리는 종목들이 여기에 속한다.

과거 제한된 자원과 기회 안에서는 생존을 위해 어쩔 수 없이 제로섬 게임을 할 수밖에 없는 상황도 있었다. 그러나 디지털 기술의 발달로 무에서 유를 창조할 수 있는 세상이 된 지금, 승자가 독식하는 경쟁이 아닌 모두가 함께 성취하며 더 많은 열매를 얻는 상생의 전략이 필요하다. 그

대표적인 예가 플랫폼이다. 플랫폼은 더 많은 사람이 모이고 활발하게 활동할수록 모두가 더 큰 성취와 성공을 거둔다.

"내가 그의 이름을 불러주었을 때 그는 나에게로 와서 꽃이 되었다."

지난 2016년에 국내 1위의 인터넷 서비스 기업인 네이버는 상생을 위한 장기 프로젝트로 '프로젝트 꽃'을 시작했다. 김춘수 시인의 '꽃'이 모티브가 된 '프로젝트 꽃'은 네이버를 무대로 콘텐츠를 생산하는 다양한 스몰비즈니스와 크리에이터를 응원하고 지원하는 프로젝트이다.

네이버를 통해 생산되는 개개인의 모든 콘텐츠가 '꽃'처럼 누군가에게 소중한 의미가 될 수 있도록 네이버는 그들의 가치를 발견하고 지속 가능한 성공을 돕는다. 이를 통해 더 많은 양질의 콘텐츠가 생산되고, 더 많은 이용자가 이 콘텐츠를 즐기고 활용하는 건강한 선순환이 일어나길 기대한다. 더불어 이러한 개인의 도전과 성공이 우리 경제에 활기를 불어넣는 '분수 효과'를 창출해 모두가 함께 성장하고 성취하도록 이끈다.

네이버가 마련한 온라인 기반의 기술 플랫폼을 통해 상품을 판매하고 점포를 홍보하고 재능을 발휘하는 등 많은 사람이 자신의 꿈에 한 발짝 더 다가간다. 그리고 이용자들 역시 네이버가 마련한 여러 플랫폼을 통해 간단하게 상품을 검색하고 주문하며, 서비스를 예약하고 상담할 수 있다.

'프로젝트 꽃'은 오프라인에서도 더 많은 사람을 꽃피우기 위해 여러 준비를 해두었다. 창업 성장 지원센터를 통해 온라인 창업과 관련한 다양한 교육을 지원하고, 창작자들을 위한 스튜디오도 제공한다. 또 동네 골목의 소박하고 정겨운 밥집을 소개하는 '백반위크', 가업을 잇거나 자신만의 브랜드로 창업한 청년 사업가들을 조명하는 '이름을 불러주세요' 등 스몰비즈니스의 성장을 지원하는 다양한 캠페인을 추진하고 있다.

네이버가 이렇듯 다양한 프로그램과 플랫폼 구축을 통해 스몰비즈니스와 크리에이터를 위한 지원에 적극적인 것은 구글과 유튜브, 넷플릭스 등 대형 글로벌 플랫폼의 성장에 위기감을 느낀 이유도 클 것이다. 그럼에도 위기를 극복하는 방법으로 플랫폼 이용자의 성장과 성공을 돕는 방안을 찾은 것은, 생존과 성공을 위한 유일한 해답이 '상생'임을 잘 알기 때문이다.

개인 또는 조직을 둘러싼 이해관계자들, 심지어 동종업계 사업자들 간에도 이제 남의 것을 빼앗아 내 것을 채우는 제로섬 방식으로는 성장은 커녕 생존조차 보장받기 힘들다. 상대의 이익이 나의 손해가 되고, 상대의 손해가 나의 이익이 되는 관계가 아니라 서로가 서로에게 더욱 유익해지는 상생相生 원리를 실행할 때 비로소 나의 생존을 보장받을 수 있으며, 나아가 더 큰 성취와 성공까지 얻을 수 있다.

몸은 멀어져도
마음만은 놓지 않길

———
———
———
———
———

코로나19 바이러스에 대한 공포로 우리는 2년에 가까운 긴 시간을 마스크 안의 제한된 숨으로 견뎌왔다. 나와 내 가족, 한 공간에 머무는 동료와 이웃의 건강을 위한, 그리고 무엇보다 코로나19의 종식을 위한 최선의 방책이었으나 그 불편함은 이루 말할 수 없을 정도였다.

그런데 호흡의 제약보다 더 힘든 것이, 만나야 할 사람을 만나지 못하는 고통이다. 코로나 사태가 터지고 10개월이 지나서야 나는 어머니를 뵐 수 있었다. 그것도 유리문을 사이에 두고 서로 2m 이상의 거리를 유지한 채 겨우 안부만 전하는 짧은 만남이었다.

아흔이 넘으신 어머니는 건강이 많이 안 좋아지셔서 몇 년 전부터 고향에 있는 요양병원에서 지내고 계셨다. 그런데 하필 코로나 사태 초기에 그 병원에서 사망자가 속출하고 하루에 수십 명의 확진자가 생기는 집단감염이 일어나 병원이 통째로 봉쇄되는 코호트 격리가 결정됐다. 순식간에 벌어진 일이라 가족들은 애타는 마음으로 발만 동동 구르다가 10

개월 만에 겨우 먼발치서 얼굴만 뵙고 돌아왔다. 늙고 병약한 어머니가 휠체어에 몸을 의지한 채 자식들을 애달프게 바라보시는데, 가슴이 찢어지는 고통이 이런 것인가 했다.

안아볼 수도 손을 잡아볼 수도 없는, 제한된 환경에서의 짧은 면회였으나 그것마저도 못하던 긴 시간을 생각하면 감사하고 또 감사한 일이었다. 더불어 그간 바쁘다는 이유로 자주 찾아뵙지 못한 것을 크게 후회하고 반성했다. 코로나 바이러스가 가져온 시련과 고통은 컸으나, 그로 인해 내게 진정으로 소중한 사람과의 관계에 대해 다시 한 번 생각하고 깨우치게 된 것은 더없이 감사한 일이 아닐 수 없다.

그 많던 사람들은 다 어디로 갔나?

근자열원자래近者說遠者來라던 공자의 말처럼, 가까운 사람에게 정성을 다하고 그를 기쁘게 하면 멀리 있는 사람도 알아서 찾아온다. 그런데 많은 이들이 멀리 있는 사람들을 즐겁고 기쁘게 하느라 정작 내 가까이서 정을 나누고 챙겨야 하는 이들에게 소원하기도 한다. SNS 등을 통해 나를 잘 알지도 못하는 이들에게 나의 일상을 전하고 인사를 나누느라 마주 앉은 가족의 얼굴을 외면하기도 하고, 의미 없는 모임이나 술자리를 챙기느라 오랜 친구와 밥 한 끼 함께하는 것이 어렵다.

지인 중에 퇴근 후에 늘 동료나 친구들과 어울리며 술을 마시다가 지정이 넘어서야 집으로 향하는 이가 있었다. 당연히 배우자와 불화도 잦고 자녀들과의 관계도 좋지 않았다. 그런데 코로나 사태로 강제 조기 귀가가 이루어지자 집에서 보내는 시간도 길어졌다. 처음엔 어색해하던 가족들도 차츰 함께 어울리며 밥을 먹고 두런두런 이야기도 나누다 보니 서로를 더 잘 이해하게 되고 친밀감도 너욱 커졌다고 한다.

또 다른 지인은 맞벌이인 데다 자녀들도 학교와 학원을 오가느라 밤늦게 귀가하니 온 가족이 함께 시간을 보내는 게 손에 꼽을 정도였다. 게다가 자녀들이 사춘기이다 보니 간혹 가족이 함께 모여 앉아도 서먹한 기운만 오갔다. 그런데 코로나 사태로 재택근무와 온라인 수업을 하며 함께 머무는 시간이 길어지자 오가는 말수도 조금씩 늘고 서로를 이해하는 폭도 넓어졌다고 한다.

"인간은 사회적 동물이다."라던 아리스토텔레스의 말처럼 인간은 타인과의 관계를 통해 '나'를 확인하고 함께 어울리며 공동체를 이루고 살아가는 존재이다. 그래서인지 우리 사회는 오랫동안 "흩어지면 죽고 뭉치면 산다."라는 말을 절대 진리처럼 여겼다. 그런데 코로나19 바이러스는 뭉치면 죽고 흩어지면 사는, 참으로 아이러니한 상황을 몰고 왔다.

바이러스의 전파력이 워낙 크다 보니 최대한 직접적인 만남을 자제하면서 건강과 생존을 위하기 시작했고, 마스크를 쓰고도 누군가를 가까이서 대하는 것을 꺼렸다. 사적인 모임의 인원을 제한하고 사람들이 많이 모이는 영업장의 경우 수용인원을 제한하거나 영업시간을 단축했다. 수업과 업무, 만남 등도 최대한 온라인으로 수행하며, 비대면과 비접촉으로 일상을 이어나갔다.

이러한 일상의 변화는 자칫 인간관계의 단절을 불러올 위험이 컸다. 그러나 코로나19의 위기가 가져온 것은 관계의 단절이라는 부정적인 면만은 아니었다. 오히려 만남과 관계에 있어 옥석을 가리는 중요한 계기가 되어 주었다. 2020년에 취업포털 사람인이 3,396명의 성인남녀를 대상으로 '사회적 거리두기와 인간관계'에 대해 조사했다. 그 결과 응답자의 43%가 사회적 거리두기를 계기로 그간 불필요하다고 생각하는 인맥을 자연스럽게 줄여 나갈 수 있었다고 답했다. 또한 사회적 거리두기를 계기로 불필요한 인맥을 의도적으로 정리하고 있다는 응답자도 21.1% 있었다. 그리고 그 이유로 '불필요한 인간관계가 부담스러워서52.8%, 복수응답', '불필요한 시간과 비용을 줄이고 싶어서49.6%', '감정 소모를 줄이고 싶어서32.2%' 등을 꼽았다.

이처럼 코로나 사태가 불러온 본격적인 언택트 시대의 도래는 인간관계의 재정립을 통해 진정 소중한 것이 무엇인지를 깨닫는 계기가 되어 주었다. 형식적으로 안부만 묻던 사이, 퇴근 후 늦은 시간까지 술과 유흥을 즐기며 의미 없는 시간을 보내던 관계들이 자연스레 정리되고, 마스크를 쓰고라도 꼭 만나야 하는 소중한 관계들만 남게 되었다. 특히 그간 소원했던 가족들이 함께 보내며 서로를 더 깊이 이해하고 친밀해지는 소중한 시간으로 작용했다.

친구나 지인과의 관계도 멀어지기만 한 것은 아니다. 기친 아스팔트 위에서도 꽃은 피어나듯이 만날 사람은 반드시 만나고 이어질 관계는 계속 이어진다. 오히려 직접적인 만남이 어려워지니 전화 통화나 인터넷 등을 통해 수시로 안부를 전하고 마음을 전하며 더 끈끈하게 연결되었다. 불필요한 관계에 허비하던 시간이 줄어드니 그만큼 소중한 사람들과의 관계에 더 집중하게 된 것이다.

온·오프라인의 입체적 만남을 통해 시너지를 창출하라

인간관계에 가장 중요한 키워드는 무엇일까? 신의나 존중, 사랑, 감사 등 많은 것이 있겠으나 나는 무엇보다 '만남'이 가장 중요하다고 생각한다. 사람과 사람이 나누는 수많은 아름다운 감정들이 '만남'을 시작으로 상호작용하여 만들어지고 쌓여가기 때문이다.

나 역시 아내와의 만남을 통해 소중한 가정이 만들어졌고, 함께 창업하여 사업도 꾸려가고 있다. 또 하나님을 만나면서 신앙을 가지게 되었고, 김진경 총장과의 만남을 통해 참된 삶과 진정한 성공의 의미도 알게 되었다. 내 울타리 안에만 머물던 편협한 생각을 부수고 세상과 이웃을 위해 무엇을 어떻게 해야 할 것인가에 대한 생각에 집중하게 되었다. 이 모든 것이 '만남'으로 열린 내 삶의 소중한 인연이자 길이다.

이렇듯 만남은 우리 모두에게 새로운 관계의 맺음은 물론이고 내 삶을 완성하는 데 필요한 깨달음이나 기회 등을 열어주기도 한다. 그런데 갑작스러운 코로나 사태로 인간관계는 물론이고 삶에도 큰 위기가 왔다. 사회적 거리두기 등의 정부 지침이 아니더라도 나와 내 가족의 건강을 위해서라도 최대한 대면 만남과 접촉을 제한해야 하는 상황이 되니 몸만큼이나 마음도 움츠러드는 것이다. 특히 비즈니스의 경우 활발하게 사람들을 만나 적극적으로 기회를 만들어야 하는데, 바이러스의 공포로 마음이 위축되니 만남까지 소극적이 되는 것이다.

춥다고 몸을 웅크리고 꼼짝하지 않으면 추위가 더 강하게 느껴진다. 그럴 땐 오히려 몸을 더 적극적으로 움직여야 체온도 올라가고 몸과 마음의 건강도 유지하게 된다. 만남도 마찬가지다. 만남이 제한된다고 해서 상황이 나아지길 막연히 기다리기보단 만나야 할 사람들을 만날 방법을 적극적으로 찾아야 한다.

뜻이 있는 곳엔 늘 길이 있기 마련이고, 이 길이 막혔다면 저 길로 가면 된다. 직접 얼굴을 맞대고 교감하고 소통하면 더없이 좋겠으나 그럴 수 없다면 다른 방법으로 만나면 된다. 실제로 코로나 사태로 인해 비대면과 비접촉의 언택트Untact 시대가 오니 기다렸다는 듯 온라인을 통해 접촉하고 소통하는 온택트Ontact 시대로의 적극적인 전환이 일어났다.

코로나19 바이러스 확산의 우려로 멀리 있는 가족과 자주 만나지 못하고, 사적인 모임의 인원수가 제한되자 영상통화나 화상회의 등으로 온라인 만남을 하는 사람들도 늘었다. 심지어는 직접 만날 수 없다는 안타까움에 온라인을 활용해 더 자주 만나기도 한다. 이렇듯 온라인을 통한 만남을 적극적으로 활용하는 것만으로도 직접 대면하던 때와 다를 바 없는 관계의 구축이 가능하다.

온라인을 활용한 만남은 사적인 영역에만 국한되지 않는다. 학생들의 수업이나 직장인들의 회의도 '줌zoom'과 같은 온라인 화상 플랫폼을 활용하여 이루어지고, 심지어 공연이나 예술작품의 전시도 온라인을 통해 대중과 만남을 이어갔다. 그런데 이는 어쩔 수 없는 상황에서 찾아낸 궁여지책이 아닌 언택트 시대의 새로운 대안이자 온택트 시대로의 적극적인 전환점이 되어 주었다.

공연기획자들은 이전과는 같은 방식으로는 온택트 시대에 적응하기 힘들다는 것을 깨달았고, 디지털 기술과의 적극적인 접목을 통해 오프라인에서는 느낄 수 없었던 새로운 즐거움과 감동을 전하고자 노력했다. 미술관이나 박물관과 같은 전시공간의 경우엔 가상현실VR, 인공지능AI 등의 디지털 기술을 결합해 온라인 관람객들에게 높은 만족감까지 주고 있다. 콘서트 역시 디지털 기술의 적극적인 활용은 물론이고, '안방 1열'에 앉아 함께하는 관람객들과 진솔한 소통을 하며 대면 만남 못지않은 감동을 전한다.

위기는 기회의 또 다른 모습이란 말처럼 코로나 위기는 새로운 기회를 열어가는 계기로 활용해야 한다. 코로나 사태는 온택트 세상을 조금 앞당겼을 뿐, 삶의 다양한 영역에서 오프라인과 온라인의 결합과 전환은 이미 예견된 일이었다. 만남의 방식 역시 변화를 불편해하거나 두려워할 것이 아니라 오히려 적극적으로 활용하며 더 많은 기회를 창출해야 한다. 바이러스의 두려움에 의한 어쩔 수 없는 온라인 만남이 아닌, 오프라인 만남과 병행하며 입체적인 시너지를 창조해야 한다.

무한한 연결, 디지털 지구

———
———
———
———

　내가 김진경 총장을 도와 건립 및 운영에 참여했던 연변과기대는 세계의 여느 대학에선 찾아볼 수 없는 다소 특이한 구조의 건물이 설치돼 있다. 여러 단과대학 등 대학의 건물 전부를 연결한 다리 형태의 건축물인 '연결동'이 바로 그것이다. 필요에 따라 건물과 건물을 연결하는 연결동을 지을 수는 있으나 모든 건물을 연결동으로 잇는 것은 흔치 않은 일이다.

　연결동을 만든 이유는 단순하다. 영하 25도에서 30도까지 내려가는 추운 겨울철에 학생들이 각 건물 간 이동을 어려워하는 모습을 보곤 연결동을 만들어줘야겠다는 생각을 하게 됐다. 그런데 연결동을 만들어놓고 보니 단순히 궂은 날씨에만 활용도가 높은 것이 아니었다. 날씨가 좋은 날에도 학생들은 연결동을 이용해 이전보다 훨씬 활발하게 여러 건물을 오가고 있었다. 게다가 연결동을 오가며 자주 얼굴을 보다 보니 마주치는 이들에게 형식적인 인사가 아닌 진심에서 나오는 반가움과 애정을 표현하기 시작했다. 감사하다는 말, 사랑한다는 말, 고맙다는 말을 하는 것에 서툴렀던 학생들이 친구나 선생님들에게 먼저 다가가 적극적으로 자신의 마음을 표현했다.

나는 연결동이 만남의 통로가 되어 학생과 학생의 만남, 학생과 선생님의 만남, 학생과 이웃의 만남 등 인간과 인간의 만남을 더 활발하게 이어주고, 마음까지 활짝 열어주고 있음을 확신했다. "눈에서 멀어지면 마음에서도 멀어진다."라는 말의 숨은 뜻처럼, 눈에서 점점 가까워지니 마음에서도 더 가까워진 것이다.

연변과기대에서의 성과를 바탕으로 평양과기대를 건설할 때도 나는 모든 건물을 연결하는 연결동 건물을 만들었다. 전체 공사비의 15%가 더 증가하지만, 그럼에도 학생들에게 사람과 사람 간의 만남의 의미와 가치를 깨우쳐주는 것도 무척이나 중요한 일이기에 과감히 추진한 것이다.

시간과 공간을 넘어 줌ZOOM하다

연변과기대와 평양과기대에 건설된 연결동 건물을 요즘의 언어로 표현하면 '네트워크'라고 할 수 있다. 지구촌 곳곳의 사람들을 촘촘히 연결하는 온라인 네트워크처럼 그곳의 학생들도 연결동을 통해 서로가 이어지고 마음을 열어, 너와 내가 어울리며 더 큰 에너지를 만들어 나가고 있다.

내가 학생이고 청년이던 시절에 세계는 대부분 물리적 거리로 계산되었다. 세계지도를 펼쳐놓고 국가 간의 거리와 그곳에 이르는 시간을 계산해보면 세계는 평범한 개인이 탐구하기엔 참으로 광대하고 멀다는 생각까지 들었다. 그런데 디지털 세상이 열리면서 물리적 거리의 장벽이 무너지고, 의지만 있다면 언제든지 지구 반대편의 사람과도 소통하고 마음을 나눌 수 있게 되었다. 특히 '줌ZOOM'과 같은 온라인 화상 플랫폼이 생겨나면서 실시간으로 상대의 얼굴을 마주하며 이야기를 나눌 수 있게 되니, 지구촌 여러 국가의 사람들이 물리적 거리를 뛰어넘어 훨씬 더 빠르고 가깝게 소통할 수 있게 됐다.

온라인 화상 플랫폼인 '줌ZOOM'은 그 기능도 탁월하지만 이름마저도 심오하기 그지없다. 나름대로 그 뜻을 해석하고 의미를 붙여 보자면, 우선 사전적인 의미로 ZOOM은 '초점 거리나 화상의 크기를 급격히 변화시키는 기능'을 의미한다. 카메라의 줌 인zoom in 기능과 줌 아웃zoom out 기능만 하더라도 멀리 있는 것을 가까이 끌어오거나 시야를 확대해 더 많은 것을 볼 수 있게 해준다. 그러니 ZOOM은 마음먹기에 따라 얼마든지 물리적 거리를 무너뜨릴 수 있고, 지구 반대편에 있는 생면부지의 사람조차 나의 코앞으로 당겨와 둘도 없는 친구가 되는 변화된 세상을 상징하는 말일 것이다.

한편 한글로 '줌'은 '주먹'의 준말로, '손으로 한 줌 움켜쥘 만한 분량을 세는 단위'인 '움큼'을 뜻하기도 한다. 실제로 줌을 통해 지구촌 곳곳에 있는 수십 명의 인원이 동시다발로 대화할 수 있는 세상이 됐으니 문자 그대로 지구촌 세계가 '한 줌'의 세상이 된 듯한 느낌까지 든다. 물론 중국 기업이 줌ᶻᴼᴼᴹ이라는 플랫폼의 이름을 지으면서 한글로 된 의미까지 고려했을 리 만무하다. 그러나 사용자가 스스로 이런 의미를 생각해 낼 정도라면 줌ᶻᴼᴼᴹ의 편리함과 의미가 무척 크다고 할 수 있을 것이다.

코로나 사태로 하늘길이 막히고 직접 얼굴을 마주하는 모임에 제약이 생기자 나 또한 '줌ᶻᴼᴼᴹ'으로 미팅하는 일이 늘었다. 그리고 그 과정에서 예상치도 못한 반가운 얼굴을 만나 좋은 인연을 새롭게 이어가는 일도 생겼다. 하루는 몽골 청년들을 위한 교육과 창업을 지원하는 사역자 분들과 줌으로 중요한 회의를 하게 됐다. 40분 타임으로 온라인 화상회의를 하던 중에 몽골에서 미션스쿨 '밝은미래초중고학교'를 운영하는 선교사 내외가 몽골 청년들 몇 명이 이 회의에 함께하고 싶어 한다며 양해를 구했다. 잠시 후 모니터를 통해 30대 중반으로 보이는 두 여성이 등장했다. 그런데 그중 한 명인 볼로르ᴮᵒˡᵒʳ란 여성이 왠지 눈에 익고 어디선가 많이 봤던 얼굴 같았다.

간단히 인사를 하고 업무적인 대화를 나누려고 하는데 갑자기 볼로르라는 여성이 나를 안다며 반갑게 인사하는 것이 아닌가. 그래서 "어디서 만났지요?"라고 묻자, 그녀는 자신이 연변과기대 출신이고 고려인 유학생들과 같이 공부했다고 하는 것이다.

"아, 그렇군요!"

순간 너무 놀랍고 반가워서 눈이 휘둥그레졌다. 그러고 보니 오래전 일이지만 연변과기대 고려인 유학생 모임을 할 때 볼로르를 봤던 기억이 났다. 너무나 반가운 마음에 회의를 중단한 채 볼로르와 잠시 이야기를 나눴다. 그녀는 2006년에 연변과기대 영문학과를 졸업한 후 UN 기관에서 일하다가 2010년에 공무원인 남편과 결혼해서 아이 셋을 낳아 기르고 있다고 했다. 졸업 이후의 생활과 현재 어떤 비즈니스를 구상하고 있는지 등에 대해 간략하게 이야기를 나눈 후에 우리는 참석자들과 함께 다시 본래의 회의를 이어갔다.

화상회의가 끝나고 참석자 모두가 화면에서 사라진 후에도 나는 한참이나 멍하니 모니터를 바라보았다. 15년의 세월을 단숨에 현재의 시간으로 끌어당겨온 줌ZOOM이라는 현대문명이 너무나 신기하고 고마웠다. 더군다나 멀리 떨어진 곳에서도 하나의 모니터 안에 모여 앉아 생각을 나누고 마음을 모을 수 있게 되었으니 더는 사람과 사람 간의 물리적 거리가 만남과 소통의 장애가 될 수 없음을 새삼 느꼈다.

너와 내가 만드는 우리 에너지

디지털 기술을 활용한 만남은 단지 세계 여러 나라의 사람들이 실시간으로 소통하며 안부를 전하고 회의를 하는 것만을 의미하지 않는다. 이름도 얼굴도 모르는 완전한 타인들이 뜻을 함께하며 하나의 덩어리로 뭉치고, 공동의 목표와 가치를 이루어가는 놀라운 힘을 발휘할 수 있다. 특히 자신의 사적인 이익이 아닌 공동의 선이나 가치, 소외된 이웃과 어려움을 겪는 누군가를 돕기 위해 함께 마음을 모을 수도 있다.

지난 2016년 한 방송 프로그램을 통해 극심한 신경섬유종증을 앓고 있는 33세 S씨의 안타까운 사연이 전해졌다. 머리는 심각하게 함몰되고 시력까지 상실한 그녀는 형체를 알아보기 어려울 정도로 큰 혹이 얼굴 전체를 덮고 있었다. 음식을 먹는 것조차 힘들 정도로 얼굴의 형체가 무너져 있어 30대임에도 초등학교 2학년 정도의 왜소한 체격을 가지고 있었다.

평범한 얼굴을 갖는 것이 소원인 그녀는 어려운 상황 속에서도 대학을 졸업하고 사회복지사 자격증까지 취득했다. 그런데 최근 2년간 급격하게 상태가 나빠져서 간단한 일상의 활동마저도 힘들어졌다. 수술을 통해 조금이라도 상태가 나아지길 원하는 그녀에게 전국 각지에서 온정의 손길이 모여들었다. 방송이 나간 직후 방송국에는 그녀를 후원하고 싶다는 사람들의 전화가 빗발쳤고, 이에 방송국은 그녀의 치료비 모금을 위한 클라우드 펀딩을 추진했다. 그런데 놀랍게도 단 이틀 만에 5만 명이 넘는 사람들이 9억 원이라는 큰 돈을 후원해주어 후원금 모금을 조기 종료하는 상황까지 벌어졌다.

당시 이 사연을 지켜보면서 나는 또 한 번 디지털 기술이 발휘하는 강력한 연결의 힘에 놀랐다. 마음만 통한다면 얼굴 한 번 본 적 없는 타인을 위해 선뜻 자신의 것을 내어줄 수 있다. 게다가 '나'와 같은 '너'의 마음이 모여 강력한 '우리 에너지'를 만들어낸 덕분에 이틀 만에 9억 원이라는 큰 후원금이 모이는 기적 같은 일이 일어났다. 열 명의 사람이 자기

밥을 한 숟가락씩 덜어 또 다른 타인을 위한 한 그릇의 밥을 완성한다는 의미를 지닌 '십시일반十匙一飯'이라는 말처럼, 나의 힘은 미약할지라도 우리의 힘은 너무나 크다.

과거에도 위기를 극복하고 더 큰 발전을 이루기 위해 사람과 사람이 함께 발휘하는 '우리 에너지'의 힘은 컸다. 그런데 온라인 화상 플랫폼이나 클라우드 펀딩, SNS 등과 같은 디지털 문명이 낳은 최첨단 도구까지 힘을 보태니 '우리 에너지'를 끌어모으는 속도와 강도가 더욱 높아졌다.

1989년에 알래스카에서 유조선이 좌초돼 엄청난 양의 원유가 유출되는 사고가 발생한 적이 있다. 20억 달러의 비용과 1만 명이 넘는 사람을 투입해 사고를 수습하려 했지만 1년이 지나도록 문제는 해결되지 않았고, 이후 17년이라는 긴 세월이 흐르도록 바다는 이전의 건강하고 청정한 모습으로 돌아가지 못했다.

이렇다 할 방안을 찾지 못한 국제기름유출연구소OSRI는 클라우드 소싱 플랫폼 기업인 이노센티브Inno Centive에 문제 해결을 의뢰했다. 이노센티브는 세계 각국의 다양한 분야의 전문가들이 집단지성으로 문제를 해결하는 플랫폼 기업이다. 이노센티브가 원유유출 사고 문제를 대중과 공유하자 수많은 국가의 과학자와 전문가들이 문제 해결을 위한 수천 가지의 아이디어를 제시했다. 그 결과 17년이라는 긴 세월 동안 해결하지 못했던 것을 단 3개월 만에 해결할 수 있게 되었다.

'나' 한 사람의 힘은 미약할 수 있다. 그러나 너와 내가 모여 '우리'가

되면 그 힘은 상상 이상으로 크다. 여러 사람이 지식과 아이디어를 모아 어려운 문제를 해결하고 위기를 극복할 수 있다. 그리고 누군가의 아픔과 어려움에 공감하여 마음을 하나로 모아 실질적인 도움을 줄 수도 있다. 또 긍정적이고 창조적인 아이디어들이 모여 우리가 사는 세상을 더욱 발전적이고 풍요롭게 만들 수도 있다. 이렇듯 혼자서는 이루기 힘든 일들을 '우리'가 되면 척척 해낼 수 있다. 더군다나 디지털 기술의 힘까지 적극적으로 활용해 더 많은 우리가 모인다면 더 큰 에너지를 낼 수 있으니 해결 못 하고 이루지 못할 일이 뭐가 있겠는가.

디지털 기술이 이끄는 초연결의 세상

얼마 전 뉴스 기사를 통해 대학 축제에 가상세계인 '메타버스**'의 활용이 인기라는 소식을 접했다. 학생들은 각자의 아바타로 가상의 공간에 등장하여 친구를 만나고 놀이를 즐기며 간접적으로나마 대학 축제를 즐긴다. 코로나 바이러스로 인해 대면 활동이 힘들어지니 가상공간에서라도 소통하며 축제를 즐겨보자는 취지이다. 대학 축제 외에도 입학식, 스포츠

---

* 메타버스: 가상, 초월 등의 의미를 지닌 '메타Meta'와 우주를 뜻하는 '유니버스Universe'의 합성어로, 현실 세계와 같은 사회 · 경제 · 문화 활동이 이뤄지는 3차원의 가상세계를 가리킨다.(출처: 시사상식사전)

경기의 관람과 응원, 연예인의 팬 사인회나 공연, 회의 등에도 메타버스를 활용하는 사람들이 늘고 있다.

줌이나 메타버스와 같은 디지털 기술이 여러 분야에서 소통과 교류에 적극적으로 활용되는 것은 단지 코로나 바이러스의 두려움 때문만은 아니다. 시간과 공간의 합리적이고 효율적인 활용은 물론이고, 실제 공간에서 직접적인 대면으로 얻는 것보다 더 다양하고 민족스러운 효과를 기대할 수 있다는 이유도 크다. 특히 메타버스의 경우, 현실과 가상을 넘나드는 무한한 경험을 통해 머릿속에만 머물던 아이디어를 가상의 세계로 끌어내 생활의 편리함을 더해줄 뿐만 아니라 산업의 영역을 더 확대하여 새로운 시장과 일자리 창출 등의 효과도 기대할 수 있다. 실제로 메타버스는 현재 게임이나 공연, 콘서트, 스포츠 등의 엔터테인먼트 산업, 교육과 유통, 패션, 이커머스 등 다양한 산업에서 새로운 혁신을 이끌 신기술로 주목되며 세계 여러 나라에서 빠르게 발전해가고 있다.

나는 현재 평양과기대에도 메타버스 공학교육 시스템을 도입하고자 준비하고 있다. 코로나로 인해 진행되는 비대면 학습의 단점을 보완하고, 북한의 청년들이 디지털 기술을 적극적으로 활용하여 능동적으로 외부와 소통하고 교류하며 글로벌 인재로 성장해 나가도록 돕기 위한 취지에서다. 또한 디지털 기술이 열어가는 초연결의 세상은 물리적 공간은 물론이고 국경이나 인종, 심지어 종교나 정치적 신념의 장벽까지 뛰어넘어 소통할 수 있기에 그들 또한 더 큰 세상으로 나오길 바라는 마음도 컸다.

상상해보라. 머지않은 미래에 남북한의 청년들이 함께 토론하고 아이디어를 나누며 세계가 주목할 만한 창의적인 기술을 개발하는 모습을. 주말이면 한 공간에 모여 공연과 스포츠를 즐기며 함께 웃고 손뼉 치는 모습을. 이 얼마나 아름답고 가슴 벅찬 광경인가! 비록 가상의 공간이지만 그것이 머지않아 현실의 공간으로 이어질 것을 믿기에 그 첫걸음조차 이토록 소중하고 의미 있는 것일 테다.

물론 메타버스를 활용한 남북한의 활발한 소통과 교류는 디지털 세상이 열어줄 하나의 작은 사례일 뿐이다. 디지털 기술이 인간의 필요와 만나면 인간과 인간, 인간과 사물, 사물과 사물이 연결되는 초연결의 세상을 열어 상상하는 모든 것이 현실로 구현되며, 시간과 공간, 대상의 제약조차 없는 무한한 연결이 가능해질 수 있다.

이러한 초연결의 사회는 단순히 일상의 편리함만 선물하는 것이 아니다. 디지털 기술에 적극적으로 동참하며 새로운 관계를 형성하면 모든 사용자가 생산자가 될 수 있으며, 더 큰 무대와 시장을 만드는 개척자가 될 수 있다. 그러니 내 앞에 다가온 변화된 세상을 받아들이고 활용할 뿐만 아니라 적극적으로 유대관계를 맺으며 함께 준비하고 이끌면서 다가올 세상의 주역이 되어야 한다.

Effect

선한 영향력 함께 이루고 나누는 삶

Effect

꿈을 품고 그것에 이르는 길에서

우리는 타인에게 선한 영향력을 전해야 한다.
울타리 너머의 이웃과 국가, 인류, 후대를 위한
공존과 상생의 가치를 실천하며

그들과 함께 더 나은 세상을 만들어가야 한다.
꿈을 향한 나의 걸음이
다른 이에게 빛이 되고 희망이 될 때

어제보다 더 따뜻한 오늘,
오늘보다 더 밝은 내일이 열린다.

봄을 여는 사람들

———
———
———
———
———

저것은 벽
어쩔 수 없는 벽이라고 우리가 느낄 때
그때
담쟁이는 말없이 그 벽을 오른다.

물 한 방울 없고 씨앗 한 톨 살아남을 수 없는
저것은 절망의 벽이라고 말할 때
담쟁이는 서두르지 않고 앞으로 나간다.

한 뼘이라도 꼭 여럿이 함께 손을 잡고 올라간다.
푸르게 절망을 다 덮을 때까지
바로 그 절망을 잡고 놓지 않는다.

(하략)

도종환 시인의 〈담쟁이〉라는 시를 읽다 보면 코로나19 의료진들을 비롯해 사회 곳곳에서 소중한 빛을 밝히며 희망을 전하는 사람들의 모습이 떠오른다. 그들은 묵묵히 앞서 나아가며 생명을 지키고 소외된 이웃을 돌봄으로써 우리의 삶이 흔들리지 않도록, 불안과 공포에 잠식되지 않도록 힘을 주고 있다. 담쟁이 잎 수천 개를 이끌고 기어이 벽을 넘고야 마는 앞선 담쟁이 잎 하나처럼 그들의 헌신과 용기는 빛이 되어 우리에게 희망을 열어준다.

나와 다르지 않은 너를 품는 사람들

코로나 바이러스의 공포가 종식되는 그날, 모두가 한마음으로 뜨거운 감사를 전해야 할 분들이 있다. 바로, 코로나19의 최전방에서 감염의 위험을 무릅쓰고 환자를 치료하며 사투를 벌이는 많은 의사와 간호사들이다. 이들의 헌신과 노고 덕분에 감염자들은 바이러스로부터 생명을 지키고 다시 건강을 회복할 수 있었다.

환자를 치료하고 돌보는 것이 의사나 간호사와 같은 의료인의 직업적 역할이 아니냐고 할 수 있을지도 모른다. 사전적인 의미로만 따지자면 맞는 말일 수 있다. 그러나 직업적 역할은 필요에 따라 그 업을 잠시 멈춤으로써 피할 수 있다. 직업은 강요가 아닌 선택인 만큼 사표를 내든

휴업을 하든 하기 싫으면 안 할 수 있다. 코로나 최전방의 의료진도 마찬가지다. 그러나 이들은 자신의 목숨을 담보해야 할 절체절명의 상황에서 나의 안위보다는 감염자 치료를 더 중요하게 판단했다. 이들의 희생과 헌신은 그 어떤 말로도 다 설명할 수 없는 참으로 고귀한 정신이 아닐 수 없다.

코로나 첫 집단감염의 발원지였던 청도대남병원에 입원해 계신 어머니로 인해 나는 우리나라 의료진들의 희생과 헌신이 더욱 각별하게 다가왔다. 2020년 2월부터 두 달여 간 국내에선 최초로 대구·경북 지역에서 코로나19가 대유행했다. 초반에는 집단감염의 확산으로 사망자가 속출했고, 치료받을 병상과 의료진이 부족해서 신속한 치료도 힘들었다. 그런데 의료 인력 부족의 호소에 전국의 의료진이 대구·경북 지역으로 몰려와 밤낮을 가리지 않고 치료에 힘을 보탰다.

의료진의 헌신은 여기서 그치지 않았다. 2차, 3차 대유행에서도 같은 현상이 벌어졌다. 1차 유행 때처럼 의료진의 봉사 행렬이 또다시 이어진 것이다. 다니던 병원에 휴가를 내고 코로나19 집단 발생지의 병원으로 와서 자원봉사하기도 하고, 휴가가 여의치 않으면 아예 사표를 내고 옮겨와서 치료에 힘을 보태는 이들도 많았다. 심지어 대형병원의 의사 자리를 내놓고 집단감염이 발생한 지역으로 내려가 요양병원에서 봉사한 이도 있다. 또 수도권의 신규 확진자가 폭발적으로 늘자 작은 힘이라도 보태야 한다며 기꺼이 자신의 거주지를 떠나 수도권의 병원으로 옮겨온 간호사도 있다.

어디 그뿐인가. 1차 유행 때 대구의 환자들을 지켰던 지역 의료진 중에는 2차, 3차 코로나19의 유행지로 내려가 자원하여 치료에 동참하는 분들도 많았다. 대구 경북 지역이 위기에서 벗어나기까지 기꺼이 달려와 준 다른 지역 의료진들의 헌신에 감사하며 힘을 보태려는 마음에서다.

전신 보호복과 마스크, 얼굴 보호막까지 한 상태로 질식 직전의 고통을 감내하며 환자들을 치료하는 그들의 모습을 언론을 통해서나마 접할 때면 기도 외엔 할 수 있는 것이 없다는 사실이 미안할 따름이다. 특히 무더위까지 더해지는 여름철이면 그 미안함이 더욱 커져 그들의 헌신에 숙연해질 뿐이다. 더군다나 코로나19의 최전방에서 희생하는 의료진들의 감염이 속출하고 심지어 유명을 달리하는 분까지 있으니 그들의 숭고한 희생을 향한 감사와 미안함을 어찌 인간의 언어로 다 표현할 수 있단 말인가.

나는 죽음의 공포와 맞서며 타인을 돌보는 의료진들의 희생과 헌신을 되새기며 스스로 자문해보았다. "도대체 그들은 어떤 이유로 이토록 위험한 지경에서도 기쁨과 보람을 느끼며 자원해서 봉사하는 것일까?" 직업상 의무감 때문만도 아닐 것이며, 단지 착한 사람이어서도 아닐 것이다. 그들의 헌신과 희생은 사람이 사지에 처해 있는 것을 보고, 이를 자신의 고통으로 여기고 함께 나누려는 살신성인의 마음이 아니고서는 결코 나올 수 없는 고귀한 실천이다.

코로나 바이러스와 싸우며 환자들을 내 몸과 같이 돌보는 의료진들의 헌신을 보며 나는 인간에게 주어진 가장 숭고한 선의지^{guter Wille}와 자유정신의 위대함을 새삼 깨닫는다. 독일의 철학자 칸트는 선의지를 "세계 안에서도 그 바깥에서도 유일하게 그 자체로 무한하게 선하다고 생각될 수 있는 것"이라고 했다. 그 누구의 강요도 아닌 스스로 불구덩이로 들어가, 그 안에서 고통받는 사람들을 구해내는 의료진들의 헌신과 용기야말로 진정한 선의지가 아니고 무엇이겠는가.

위기와 역경을 뚫는 힘은 '나'가 아닌 '우리'를 보는 데서 시작된다. 코로나19 공포의 한 가운데에서 나와 다르지 않은 너를 품으며 자기희생과 헌신으로 '선의지'를 실천하는 의료진들의 숭고한 정신을 통해 나는 진정한 삶의 의미와 가치를 더욱 깊이 새기게 된다.

이제, 희망의 창을 열 때다

모두가 함께 어울리며 살아가는 세상에서 홀로 안전할 방법은 없다. 코로나 바이러스는 이웃과 사회, 나아가 전 인류가 함께 건강해야 나 또한 건강할 수 있음을 일깨워주었다. 그리고 이런 깨달음은 나와 이웃의 건강을 지키기 위해 정부의 방역수칙을 잘 지키는 것은 물론이고 코로나 사태로 인해 벼랑 끝으로 내몰려진 불우한 이웃을 살피는 따뜻한 마음으로 피어오르고 있다.

《순간의 두려움 매일의 기적》의 저자 김하종빈첸시오 보르도 Vincenzo Bordo

신부는 1998년에 외환위기 이후 급증한 노숙인들을 위해 무료 급식소인 '안나의 집'을 운영하기 시작했다. 이후 자원봉사자들의 도움을 받아 노숙인 자활사업과 노숙청소년쉼터 운영 등으로 봉사의 영역을 확장했다.

코로나 사태 이후엔 노숙인과 홀로 사는 노인들 수백여 명에게 매일 도시락 나눔을 통해 따뜻한 한 끼를 전하는 일을 하고 있다. 코로나 바이러스의 공포와 두려움 속에서도 이웃을 위해 온정을 베푸는 봉사자들의 용기와 헌신은 단 한 끼의 식사로 하루를 버텨내는 이들에게 삶의 희망을 전하는 소중한 빛이 되고 있다.

어디 그뿐일까. 평생 고생하여 모은 돈을 어려운 이웃을 위해 기꺼이 기부하는 사람도 있으며, 집에 있는 여분의 쌀과 식료품, 생필품을 마을의 지정된 장소에 모아서 가난한 이웃과 나누는 사람들도 있다. 오랜 경기 침체로 생계의 위협까지 받는 자영업자들을 위해 임대인은 자발적으로 임대료를 내려주는 '착한 임대인'이 되는 것에 동참하고, 소비자는 자주 찾는 가게에 일정 금액을 미리 결제하고 재방문을 약속하는 '선결제 캠페인'에 참여한다. 또 어려움 속에서도 나보다 더 힘든 이를 생각하며 결식아동의 식사를 지원하는 '선한 가게'도 생겨났다.

어려운 상황에서도 나보다 더 힘든 누군가를 위해 내 것을 기꺼이 나누는 마음, 그것이 진정한 희망이 아닐까. 이런 희망이 우리 사회 곳곳에 있기에 우리는 오늘도 두려움과 고통을 견디며 이제 곧 봄이 올 것을 믿는 것일 테다.

거친 사막에서도 꽃은 피고, 칠흑 같은 밤하늘에도 별은 반짝인다. 같은 현상이라도 어떻게 바라보는가에 따라 다른 답을 찾을 수 있다. 위기 속에서 기회를 보고, 절망 속에서 희망을 보는 눈이 필요하다. 코로나 바이러스의 공포는 우리의 몸을 넘어 마음까지 강하게 옥죄어 오지만 그럼에도 결코 희망을 잃어서는 안 된다. 이제 길고 무거웠던 어둠을 뚫고 빛을 보는 희망의 창을 열어야 할 때이다.

나비가 된 염소

―――
―――
―――
―――

"너희들에게 세상은 어떤 의미이니?"

중학교 1학년 첫 수업에서 사회 선생님이 물었다. 그리곤 "세상을 바꿀 만한 아이디어를 생각해내고, 그것을 실행하라!"라는 1년 치의 숙제를 내준다. 미국의 소설가 캐서린 라이언 하이드Catherine Ryan Hyde의 소설 《페이 잇 포워드Pay it forward》를 원작으로 만들어진 영화 〈아름다운 세상을 위하여Pay it forward〉는 이렇듯 따뜻한 숙제와 함께 시작된다.

다음 수업 시간에 학생들은 모두 친구들에게 저마다의 아이디어를 소개하고, 주인공 트레버도 세상을 바꿀 아이디어로 '도움 주기Pay it forward'를 소개한다. 자신이 세 명에게 큰 도움을 주고, 도움을 받은 사람은 또다시 세 명에게 큰 도움을 주면서 계속 도움을 전파해가는 전략이다. 이를 통해 타인을 도와주는 선한 마음은 3의 거듭제곱으로 퍼져나가 세상이 아름답게 변할 것이란 생각이다.

선생님은 트레버에게 "서로의 착한 마음을 믿어야만 가능한, 그러나 세상을 아름답게 바꾸는 데 온 세상이 함께할 아이디어"라며 칭찬한다.

그렇게 트레버로부터 시작된 '도움 주기Pay it forward'는 미국 전역으로 퍼져 나간다. 누군가로부터 조건 없는 도움을 받은 사람들이 다시 다른 세 명에게 도움 주기를 실천하면서 영향력 있는 사회운동으로까지 확산된 것이다.

이 영화의 등장인물들은 주로 알코올 중독사, 마약 중독자, 노숙자, 가정폭력의 피해자, 자살 기도자 등 우리 사회의 어두운 곳에서 상처와 아픔을 가진 사람들이다. 이들은 낯선 이의 따뜻한 위로와 응원, 소박한 밥 한 끼, 대가를 바라지 않는 선행에서 다시 세상을 살아갈 힘을 얻는다. 영화는 선행의 나비효과를 통해 누군가의 선한 마음과 실천이 세상을 밝히는 큰 힘이 될 수 있음을 보여준다.

Pay it forward

앞서 다녀간 손님이 당신의 식사비용을 대신 내어주었다면 당신은 또 다른 사람을 위해 식사비용을 내줄 수 있을까? 만약 내준다면 얼마를 내줄 수 있을까? 더군다나 이름도 금액도 공개되지 않는다면 내가 내야 할 식사비용보다 더 많은 돈을 다른 사람의 식사비용으로 기부할까, 아니면 같은 금액, 혹은 그보다 더 적은 금액을 기부할까?

한 끼 식사비용이 그리 큰 금액이 아님에도 나 또한 이런 상황을 맞는다면 사뭇 고민이 되지 않을까 한다.

2014년에 UC 버클리와 UC 샌디에이고의 심리학자들은 이 질문에 대한 답을 실험을 통해서 찾아냈다. 연구진들은 실험이 이루어지는 식당의 계산서에 다음과 같은 글을 써두었다.

"앞서 오셨던 손님이 당신의 식사비용을 대신 내주셨습니다. 당신을 위한 선물이라고 합니다. 당신은 그냥 나가셔도 되고, 다음에 올 손님을 위해 식사비용을 대신 내주실 수도 있습니다. 이 봉투에 익명으로 돈을 기부해주시면 됩니다."

결과는 어땠을까? 놀랍게도 사람들은 자신이 내야 할 식사비용보다 더 많은 돈을 봉투에 넣었다. 돈을 내지 않아도 되고, 지켜보는 사람도 없는데 다른 사람을 위해 더 많은 돈을 기부한 것이다.

영화 〈아름다운 세상을 위하여Pay it forward〉에서 소개되는 '페이 잇 포워드Pay it forward' 문화는 가상의 이야기 속에만 머물지 않는다. 누군가에게 받은 도움을 또 다른 누군가에게 다시 나누어주면서 힘차게 퍼져가는 선한 마음과 실행이 이처럼 현실에서도 일어나고 있다.

'페이 잇 포워드'는 실리콘밸리를 대표하는 문화로도 유명하다. 실리콘밸리의 성공한 창업자들은 초보 창업자들을 위해 아무런 대가 없이 다양한 지원을 해준다. 그들은 현재의 성공에 이르기까지 거쳐온 수많은 실패의 경험과 깨달음을 들려주며 조언과 격려를 아끼지 않는다. 그리고 위기에 놓인 스타트업에는 인맥을 동원해 자본이나 기술, 정보, 인재 등의 실질적인 도움을 주기도 한다.

앞서 나아가는 사람이 뒤이어오는 사람을 끌어주고 격려해주는 창업 문화는 전 세계의 창의적인 인재들을 실리콘밸리로 불러들였고, 스타트업의 안전망으로 작용해 두려움 없는 도전을 이끌었다.

스티브 잡스 또한 '페이 잇 포워드' 문화를 적극적으로 활용해 창업에 성공한 대표적인 인물이다. 그는 12살의 어린 나이에 전화번호부를 뒤져 휴렛팩커드HP의 창업자인 빌 휴렛Bill Hewlett에게 전화해 주파수 계수기를 만드는 데 필요한 부품을 나눠주길 부탁했다. 이에 빌 휴렛은 12살 소년에게 기꺼이 부품을 나눠주었고, 심지어 방학 때 자신의 회사에서 일할 기회도 주었다. 이후 20대가 되었을 때도 스티브 잡스는 인텔의 공동 창업자인 밥 노이스Bob Noyce를 찾아가 창업과 관련한 조언을 구하기도 했다.

이후 애플을 창업하여 세계적인 기업가가 되었을 때 스티브 잡스는 페이스북의 창업자 마크 저커버그Mark Elliot Zuckerberg의 멘토가 되어주는 등 후배 창업자를 돕고, 강연을 통해 전 세계의 수많은 청년에게 꿈과 희망을 심어주었다.

이처럼 내게 도움을 준 상대에게 다시 보답하는 '페이백Pay back'과 달리 '페이 잇 포워드Pay it forward'는 내가 받은 감사를 또 다른 누군가에게 전하는 나눔의 행위이기에 이웃과 사회를 향한 선한 영향력으로 작용하며, 그 전파력 또한 막강하다.

염소 프로젝트의 나비효과

언젠가 신문에서 택배기사들에게 승강기 사용료를 받는 아파트에 관한 기사를 본 적 있다. 아파트 전체의 공동관리비를 아껴보려는 나름의 합리적인 사고에서 출발한 일이었을 것이다. 그러나 각 세대가 1년에 커피 한 잔만 덜 마셔도 아낄 수 있는 돈을 굳이 무거운 짐을 들고 오가는 택배기사들에게 받으려는 마음이 고약하기 그지없었다. 심지어 택배기사들이 승강기 사용을 하지 못하게 막는 아파트까지 있었다. 1분 1초를 다투는 응급한 상황이 아니라면 이해하고 배려하는 마음으로 조금 기다려주어도 될 일을 '나'만 생각하는 편협한 마음이 부른 이기심의 결과인 듯해 씁쓸하기만 했다.

물론 우리 사회엔 차갑고 이기적인 마음만 있는 것은 아니다. 오히려 더 많은 사람이 나의 것을 이웃과 나누며 선한 영향력을 만들어가고 있다. 할당된 물량을 감당하느라 식사까지 거르는 택배기사들을 위해 문고리에 간식과 음료수를 걸어두는 따뜻한 마음도 있다. 또 코로나 사태의 장기화로 경제적 고통을 받는 자영업자들이 그들보다 더 힘든 취약 계층의 아동들을 위해 무료로 끼니를 챙겨주기도 했다. 아무런 조건 없이 타인을 위하는 따뜻한 마음이 우리 사회의 균형을 유지하고 있음에 얼마나 감사한지 모른다.

토양이 건강해야 그것에 뿌리를 내리고 사는 나무나 풀 등의 생명체도 건강하다. 이웃과 국가, 나아가 세계라는 우리의 삶의 터전이 건강해야 그 안의 구성원인 나와 내 가족이 건강한 마음과 꿈을 지키며 살 수 있다. 그리고 우리 삶의 터전을 건강하게 만드는 마음과 실천은 다름 아닌 바로 '나'로부터 나온다.

나 또한 이웃과 사회를 위해 늘 나누는 삶을 살려 노력한다. 그리고 가능한 그 마음과 실천에 가족들도 함께하도록 이끈다. 2020년 5월에 아홉 번째 손주를 얻고 100일이 채 안 되었을 때다. 2남 1녀의 자식을 둔 우리 부부는 다시 그들로부터 아홉 명의 손주를 얻었다. 3남매와 그 아이들은 주말마다 번갈아서 우리 집을 찾아오는데, 그날은 유학을 간 맏손자를 빼곤 가족 모두가 다 모였다. 집이 떠나갈 듯 왁자지껄한 가운데, 점심 식사 후 손주들이 기획한 '합동 공연'과 가족 구성원 모두가 참여하는 '3분 스피치'라는 자기발표 시간을 가졌다.

이날 '3분 스피치'의 성과는 무척이나 크고 아름다웠다. 우리 가족 모두가 탄자니아 이소코Isoko 마을의 고아들에게 염소를 선물하기로 한 것이다. 게다가 그 염소는 보통의 평범한 염소가 아니었다. 우리나라 돈으로 3만 원 정도이면 살 수 있는 염소이지만, 이소코 마을의 고아들에겐 그들을 향한 사랑이자 자립을 위한 희망의 씨앗이었다.

연세대 의대 신경외과 명예교수이자 세계적인 뇌혈관질환 명의인 허승곤 박사는 퇴직 후 탄자니아에서 의료봉사를 하면서 그 지역의 고아들을 위한 염소 지원사업을 병행하고 있다. 이 고아들은 에이즈 환자였던 부모가 죽자 돌봐줄 사람 하나 없이 열악한 상황 속에 버려져 있었다. 이를 그냥 두고 볼 수 없어 허승곤 교수는 아이들에게 염소 한 마리씩을 사주는 캠페인을 벌였다.

탄자니아에서 염소는 특별한 의미를 지닌 가축이다. 번식력이 좋은 염소는 가뭄과 기근으로 인해 어려움을 겪고 있는 아프리카의 중요한 생계 수단이 된다. 아이들에게 매일 신선한 우유를 주고, 새끼를 낳고 그 새끼가 또 새끼를 낳아 생활비와 학비를 마련하게 해주는 중요한 소득원이 되어준다.

이렇듯 '3분 스피치' 시간을 통해 탄자니아 현지에서 추진 중인 '염소 캠페인'을 알게 된 우리 가족은 너나없이 동참의 의사를 밝혔다. 사실 손주들이 아직 어린 나이라 제 돈이랄 것도 없어서 우리 부부가 아홉 명의 손주들 몫으로 한 사람당 다섯 마리씩 염소를 사서 이소코 고아들에게 기증하는 것으로 미리 결정해둔 터였다. 그런데 기특하게도 아이들은 자신들도 직접 참여하고 싶다며 그간 저금해둔 돈을 기꺼이 내놓으며 염소를 더 보태고 싶다고 했다.

얼굴도 본 적 없는 누군가에게 제 저금통을 몽땅 털어서 나누는 손주들의 모습에 나는 또 한 번 감사함을 배운다. 어느 한쪽에서 제아무리 차가운 바람이 불어도 여전히 따뜻한 마음으로 온정을 전하는 사람들이 있기에 세상은 점점 더 포근하고 따뜻해질 수밖에 없다.

"사랑은 홀로 설 수 없다. 스스로 사랑을 채우고 이를 베푸는 것, 그때 사람이 사람답고 세상은 아름답다."라던 철학자 발타자르 그라시안Baltasar Gracian Y Morales의 말처럼 나에게서 나온 사랑은 누군가의 가슴에 다시 뿌리를 내리고 꽃을 피운다. 그리고 그 꽃은 나비의 작은 날갯짓처럼 온 세상으로 퍼져 나가며 어제보다 더 따뜻한 오늘, 오늘보다 더 포근한 내일을 만든다.

선한 마음이 만드는
'함께' 행복한 세상

—
—
—
—
—

세계에서 가장 영향력 있는 경제학자인 짐 콜린스는 그의 저서 《Good to Great좋은 기업을 넘어 위대한 기업으로》에서 기업이 좋은 기업을 넘어 위대한 기업으로 성장하려면 어떤 노력과 변화를 해야 하는지에 대한 여러 원칙을 제시했다. 그런데 나는 여기서 한발 더 나아가 'Good with Great', 즉 진정 훌륭한 기업은 위대한 가치를 추구하는 기업임을 강조하고 싶다.

기업을 경영하는 기업가 혹은 예비 창업자의 경우 우리 기업이 무엇을 향해 나아갈 것인지의 비전과 목표를 정할 때 그 안에 반드시 이웃과 인류, 후대까지 생각하는 '위대한 가치'를 담아야 한다. 이는 단순히 훌륭한 기업으로 인정받기 위해서만은 아니다. 이제 기업은 이윤 독식, 비윤리적 경영과 같은 이기적인 방식의 경영으로는 생존조차 보장받기 어려운 시대가 됐다.

기업의 본질과 궁극적 목표가 이윤의 추구에 있다지만 이윤만을 추구하는 기업은 결코 생명을 오래 유지하기 어렵다. 오히려 기업은 생존을 최대 목표로 두어야 하며, 이윤의 추구는 생존을 위한 여러 중요한 요건 중 하나로 생각해야 한다. 즉 모든 기업은 단기간의 유한한 생존이 아닌 오랫동안 지속 가능한 생존과 발전을 추구해야 하며, 이를 위해 이윤 외에도 기업의 윤리성, 사회적 공헌, 환경보존 등의 중요한 가치를 함께 생각해야 한다.

착한 기업이 이루는 오병이어의 기적

성서에 나오는 이야기 중에 '오병이어^{五餠二魚}의 기적'이란 것이 있다. 오천 명이나 되는 사람들이 모였을 때 먹을 것이 없어서 걱정하자 예수님이 어린 소년이 가지고 있던 다섯 개의 빵과 물고기 두 마리를 나눠주니 오천 명이 배불리 먹고도 열두 광주리가 남았다는 이야기이다.

성경 속 이야기에 크게 감동하면서도 한편으론 이것이 비단 신의 영역에서만 가능한 일은 아닐 것이라는 생각이 들었다. 기업은 성장과 성공을 통해 오너나 주주의 배만 불리는 것이 아니라 함께하는 직원은 물론이고 이웃과 인류, 후대까지 배부르게 할 수 있다. 위대한 철학으로 착한 경영을 하는 기업이라면 분명 가능한 이야기이다. 나 또한 오병이어의 기적을 접하며 오천 명의 것을 홀로 독식하는 기업인이 아니라 오천 명에게 나누어주는 기업인이 되기 위해 노력했다.

2012년에 아들과 함께 가족기업인 참포도나무병원을 창립하며 '참 C·H·A·M'의 정신Charity/Healing/Amenity/Maturity을 그 바탕에 두고 변함없는 실천을 다짐했다. 참포도나무병원의 첫 번째 비전인 'Charity'는 자비와 관용, 이웃에 대한 사랑의 실천을 의미한다. 두 번째 비전인 'Healing'은 몸과 마음, 그리고 영혼의 치유를 위해서 노력하자는 다짐이다. 세 번째 비전인 'Amenity'는 항상 안락함과 편의성을 제공하는 병원이 되려는 굳은 의지이다. 네 번째 비전인 'Maturity'는 성숙함과 온전함을 의미하며, 생명공동체로서의 가치를 실현할 수 있도록 최선의 노력을 다하겠다는 다짐이다.

'참의 정신'은 단지 병원을 찾는 환자에게만 실천하는 가치가 아니다. 환자는 물론이고 함께하는 직원, 나아가 이웃과 민족, 인류와 후손 등 더 크고 넓은 의미의 공동체에 적용하고 실천하는 기업가치이다. 실제로 참포도나무병원은 '참의 정신' 실천으로 다양한 사회공헌 활동을 꾸준히 이어오고 있는데, 경영진의 참여는 물론이고 기업의 가치와 비전에 공감하는 많은 직원들이 자원하여 '선한 일'에 동참해주는 덕분에 더 큰 에너지를 만들어내고 있다.

참포도나무병원에서는 2014년부터 매년 6월 즈음이면 4박 5일의 일정으로 해외의료봉사를 나간다. 첫해인 2014년에 캄보디아를 시작으로 이후 몽골, 괌, 중국연변, 필리핀, 라오스 등에서 의료상담 및 진료 등의 의료봉사를 꾸준히 실천해오고 있다.

또 국내에서는 전북 익산의 왕궁마을한센인마을을 방문하여 의료상담 및

124

진료를 한다. 왕궁면 일대는 현재 전국에서 가장 큰 한센인 자활촌으로, 정부에서 보호하고 지원하고는 있지만 일흔 살 이상의 고령인 분들이 많아서 꾸준한 의료봉사가 절실한 상황이었다. 이에 참포도나무병원은 지난 2013년부터 매년 두 차례씩 왕궁마을을 찾아 의료봉사와 함께 어린이 건강교실 운영, 마을 청소 등의 봉사를 하고 있다. 진료부, 간호부, 재활치료센터, 그 외 진료지원부서 등 30여 명의 직원이 한 달여간 세심한 준비를 한 후 봉사에 임하며, 직원들 모두 자원하여 꾸준히 봉사하는 만큼 그곳의 주민들과 따뜻한 마음까지 나누고 온다.

그뿐만 아니다. 해마다 겨울이 오면 크리스마스 직전에 서초구 취약지구 주민들에게 '연탄 지원 사업'을 하고 '불우이웃 돕기'로 생필품을 공급하는 일 등을 해왔다. 그리고 앞서 말했듯이 이 모든 일을 병원의 경영진 측에서 일방적으로 끌고 가지 않고 의사와 간호사 등 140여 명에 이르는 직원들의 자발적인 참여로 실행해 왔다.

'참의 정신'을 바탕으로 위대한 가치를 실천하려는 참포도나무병원의 노력은 사실 특별한 것이 아니다. 오히려 지속 가능한 성장과 생존을 바라는 전 세계의 모든 기업이 당연히 실천해야 하는 가치와 노력이다.

국내는 물론이고 세계적으로 기업의 윤리성이나 사회적 공헌 등을 소비의 중요한 기준으로 둔, 이른바 '착한 소비'에 대한 인식이 확대되고 있다. 시장조사 전문기업인 엠브레인 트렌드모니터가 지난 2017년에 국내 성인 소비자 2,000명을 대상으로 진행한 '착한 소비'와 관련한 설문조사에서 응답자 68.9%가 "윤리적 경영을 실천하는 기업 제품이면 비싸더라도 구매힐 의향이 있다."라고 답했다. 또 응답자의 68.1%가 "누군가에게 도움을 줄 수 있는 제품이면 가격이 비싸더라도 구매할 의향이 있다."라고 답했다.

2020년에 한국리서치에서 국내 소비자 1,000명에게 실시한 '착한 소비'와 관련한 설문조사에서도 이와 유사한 결과가 나왔다. 응답자의 62%가 "법을 위반하거나 사회적 피해를 미치지 않는다고 하더라도 사회적 영향을 고려해 소비해야 한다."고 답변한 것으로 나타났다.

여러 설문조사의 결과에서도 알 수 있듯이, 많은 소비자가 상품이나 서비스를 구매할 때 품질이나 성능, 가격을 절대적 기준으로 두지 않는다. 오히려 기업의 윤리성, 사회적 공헌, 환경보존 등의 위대한 가치들이 품질이나 성능, 가격의 기준을 뛰어넘을 만큼 소비의 중요한 판단 기준이 되고 있다.

소비자의 선택을 받지 못하는 기업은 시장에서 도태되고 마침내 그 생명을 다할 수밖에 없다. 이제 기업은 생존을 위해서라도 경쟁과 이윤의 추구가 아닌 상생과 나눔을 더 중요한 가치로 두고 실천해야 한다. 나 또한 오천 명 분을 홀로 먹어치우는 기업인이었다면 벌써 도태됐을 것이다. 기업의 존재 이유와 목표를 지속 가능한 발전과 생존에 두고 상생과 나눔이라는 위대한 가치를 실천하며, 작고 부족하지만 내가 가지고 있는 것들을 이웃과 함께 나누는 행보를 이어왔기에 지금의 감사와 행복을 누릴 수 있는 것일 테다.

선한 마음을 바탕으로 한 위대한 가치의 실천은 놀랍게도 그 결과마저도 위대하다. 나는 나눔을 실천할수록 내 것이 줄어들기는커녕 오히려 기업, 가정, 교회, 사역을 통해 더 큰 기쁨과 보람, 행복이 되돌아오는 것을 경험한다. 기업은 기업대로 발전했을 뿐만 아니라, 가정 또한 화목하며 자녀들과 손주들도 건강하고 반듯하게 잘 성장했다. 또 교육과 창업, 구제 등의 사역을 하며 맺은 인연들과는 목표로 한 프로젝트가 완료된 이후에도 더 큰 나눔의 기회를 창출하며 꾸준히 선한 영향력을 만들어가고 있다.

이렇듯 상생과 나눔의 실천은 단순히 나누어주는 것만으로 끝나지 않는다. 오히려 돌고 돌아 나에게 오고 내 인생에 더 큰 감사와 기쁨을 가져온다. 그러니 기업의 경영이건 내 삶의 경영이건 늘 나누고 베푸는 것을 중요한 가치로 두는 상생의 실천이 필요하다.

사랑의 핵폭탄 만들기

───
───
───
───
───

독일의 대표적인 관념주의 철학자인 피히테Johann Gottlieb Fichte는 "인간은 인간 사이에서만 인간이다."라는 말로 인간의 사회학적 특성에 대해 정의했다. 또 다른 독일의 철학자 루드비히 포이어바흐Ludwig Feuerbach는 "인간의 본질은 인간과 인간으로 연결하는 공동체 안에 있는 것이다."라고 했다.

우리는 매 순간 나와 연결된 타인과의 상호작용을 통해 자신을 인식하고 완성해간다. 제아무리 빛나는 보석도 그것을 바라보며 아름답다고 해줄 이가 아무도 없다면 돌덩이와 다를 바 없다. 무인도에 혼자 산다면 멋지게 보일 이유도, 예의를 갖출 이유도 없다. 또 더 많이 더 빨리 성취하기 위해 달릴 이유도 없으며, 누군가를 위해 내 것을 나누는 기쁨 또한 느낄 수 없다. 심지어 오랜 기간 아무도 없는 동굴 안에서 면벽수행面壁修行하며 이룬 깨달음과 성찰도 결국 동굴 밖으로 나와 사람들과 함께할 때 진정한 가치를 발한다.

이렇듯 나를 완성하는 데 쓰일 수많은 감정과 에너지는 결국 나 아닌 다른 이와의 상호작용을 통해 샘솟고 힘을 발한다. 그리고 나와 연결된 타인 또한 자신을 완성하는 데 나와의 관계가 에너지로 작용한다. 이때 그 관계는 상대의 긍정적인 부분을 완성하는 데 쓰일 수도, 부정적인 부분을 완성하는 데 쓰일 수도 있다. 짐작하건대 모두가 상대의 긍정적인 부분을 완성하는 데 나와의 관계가 쓰이길 희망할 것이다.

상상해보라. 나와의 관계가 상대를 폭력적이고 이기적이며 비열한 인간으로 완성하는 데 쓰인다면 이 얼마나 끔찍한 일인가. 반면 상대를 따뜻하고 정의로우며 창의적인 인간으로 완성하는 데 나와의 관계가 쓰인다면 얼마나 반갑고 기쁜 일일까. 더군다나 그렇게 완성된 인간은 다시 나와 상호작용하며 점점 더 서로를 발전하게 해주고 성장하게 해준다. 그러니 가장 이상적인 인간관계는 서로에게 긍정의 에너지를 전하며 선순환을 일으키는 관계일 것이다.

사랑은 핵폭탄보다 더 힘이 세다

인간이 인간에게 느끼는 감정은 무척이나 다양하다. 미움, 분노, 원망, 혐오, 두려움과 같은 부정의 감정도 있으며, 그리움, 호감, 반가움, 연민, 애틋함, 사랑과 같은 긍정의 감정도 있을 것이다. 나는 이 모든 감정 중에 가장 힘이 센 것을 꼽으라면 단연 '사랑'이라고 생각한다. 물론 사랑도 남녀의 사랑, 부부의 사랑, 부모와 자식의 사랑, 이웃에 대한 사랑, 나아가 인류에 대한 사랑 등 그 종류와 범위가 다양하다. 그러나 서로를 존중하고 아끼고 배려하고 위하는, 사랑이라는 감정의 본질은 크게 다르지 않을 것이다.

타인과의 관계에서 서로에게 긍정의 에너지를 전하는 선순환을 일으킬 때도 가장 큰 힘을 발휘하는 것이 '사랑'이다. 사랑은 이 세상에서 존재하는 그 어떤 물질보다도 힘이 세다. 사랑은 융통하고 화합하는 힘이 있다. 그걸 우리는 흔히 'Fusion Power'라고 표현하는데, 이 사랑의 핵폭탄이 한번 터지면 수없이 많은 사람이 다시 에너지를 얻을 수 있다. 생명을 가진 사람은 누구나 이 사랑의 힘으로 다시 일어나고 꿈과 희망을 향해 나아갈 수 있다.

교회에 나간 지 3년째 접어들던 1992년에 한국기독실업인회 서울영동지회가 주최한 춘계 전도초청모임에 갔다가 나는 참으로 강렬하고도 감동적인 말씀을 듣게 되었다. 당시 서울영동지회 지도 목사이시던 김동호 목사님께서 설교 도중에 느닷없이 "공부해서 남 주자. 돈 벌어서 남 주자. 출세해서 남 주자."라고 하시는 게 아닌가! 나는 철학을 전공한 입장이라 평소에 나름의 소신과 정의감, 건전한 정신을 가지고 남에게 피해 끼치지 않고 살면 된다는 생각을 하고 있었다. 그런데 김동호 목사님의 그 말씀이 세차게 나를 내리치며 내 생각이 틀렸음을 일깨워주었다. 남에게 피해 주지 않고 사는 것도 좋으나 더 바람직하고 가치 있는 삶은 내가 가진 것, 내가 이룬 것을 더 많은 사람과 나누는 삶이었다.

감사한 깨달음과는 별개로 흔쾌히 내 것을 다 내어놓고 타인을 돕고 위한다는 것은 쉬운 일이 아니다. 공부하고 돈 벌고 출세하려면 잠자는 시간까지 줄여가며 남들보다 더 큰 노력을 기울여야 한다. 그런데 이런 고생을 해놓고 그 성과를 남에게 준다니 이 얼마나 아깝고 억울할 일일까. 그럼에도 그 모든 노력과 시간과 눈물을 기꺼이 남에게 내어주는 마음은 무엇일까를 생각하니 이 또한 '사랑'이었다.

사랑은 핵폭탄보다 더 힘이 세다. 국내외 여러 나라에서 교육선교, 청년창업, 구제활동 등의 사역을 하면서 '사랑'의 힘이 너무나 강력하고 위대하다는 것을 매 순간 느낀다. 내가 나의 것을 나누고 도왔던 만큼, 그들 또한 자신의 것을 기꺼이 내놓으며 이웃들에게 사랑을 전하고 있었다. 2003년에 카자흐스탄에서 기독실업인회[CBMC] 이름으로 마이크로 크레디트(Micro credit: 제도권 금융회사와 거래할 수 없는 저소득, 저신용자들의 경제적 자립을 돕는 무담보 소액대출제도) 프로젝트를 5년 정도 진행한 적이 있다. 중앙아시아 모슬렘 지역에 한 가정당 500달러씩 지원해 주면서 자활을 돕는 일이었다. 그런데 그 돈이 씨앗이 되어 어느 정도 열매가 열리자 그들은 자신보다 더 가난한 이웃에게 다시 그것을 나누어 주었다. 또 2005년에는 베트남 호치민 공과대학 학생들을 대상으로 자전거 수리, 오토바이 수리 등을 가르치는 창업교육을 한 적이 있었다. 그런데 그들이 나중에 돈을 벌자 다른 친구들에게 다시 창업자금을 지원하는 것이다. 그 모습이 얼마나 감동적이던지, 또 한 번 사랑의 힘에 감사하게 됐다.

나의 재산과 능력과 열정을 어려운 이들과 나누는 것은 단순히 개인의 선한 행위로 끝나지 않는다. 구제받고 도움을 받은 사람들이 다시 새로운 조력자가 되어 다른 어려운 이를 도우며 사랑을 더욱 강력하게 확대해나간다. 하나를 나누었더니 열이 되고, 다시 그 열을 나누어 백을 만들고 천을 만들어가는 것이 진정한 사랑의 힘이다.

고려인 유학생의 아버지가 되다

내가 내 가족과 내 직원이라는 좁은 울타리를 허물고 이웃과 사회, 민족과 인류까지 미약하나마 사랑을 확대할 수 있었던 데는 신앙의 힘이 무척이나 컸다. 마흔세 살의 늦은 나이에 교회를 나가며 하나님을 만나게 되었고, 이전에는 알지 못했던 새로운 세상을 볼 수 있었다. 그런데 이러한 깨달음과 감동은 그저 내 영혼의 성찰에만 머물지 않았다.

어떤 종교이든 신앙을 통해 자신의 내면적 성찰을 이루는 것도 중요하지만, 이것을 어떻게 사회적으로 연결하고 적용할 것인가도 무척 중요하다. 신앙을 통한 성찰은 내 삶의 실천으로 이어져야 하며, 어떤 태도와 경로로 이웃에게 사랑을 나누고 공동체적인 삶을 살아갈 수 있을까를 고민해야 한다. 나 또한 종교적 성찰과 더불어 이를 내 삶 안에서 실천함으로써 인생 후반전을 새롭게 만들어갔다.

내 후반전 인생에 가장 극적이고 선물처럼 주어진 국제교육 프로젝트가 바로 김진경 총장과 함께 동역한 연변과기대와 평양과기대의 사역이다. 이 두 대학을 설립하고 운영하는 과정에서 만난 조선족, 고려인, 북한 청년들의 성장과 발전을 도우며, 나는 사랑의 힘이 얼마나 위대한지를 또 한 번 깨닫게 됐다. 사랑은 국경도 민족도, 가치관이나 정치적 이념도 전혀 걸림돌이 되지 않았다. 우리는 우리가 공급할 수 있는 능력껏 그들의 성장을 도왔다. 그러자 그 사랑이 씨앗이 되어 그들은 꿈을 품고 이루며 창의적 성장을 해주었고, 그들의 성장은 다시 내 삶에 더 큰 축복과 기쁨으로 돌아왔다.

연변과기대 사역에서 나는 고려인 유학생들에게 특별히 마음이 더 쓰였다. 고려인은 1860년 무렵부터 일제강점에서 해방되던 1945년 8월 15일까지의 시기에 현재의 러시아 및 우즈베키스탄, 카자흐스탄, 우크라이나 등의 구소련 지역으로 이주한 사람들과 그의 친족을 가리키는 말이다. 나는 2000년에 중앙아시아를 방문했을 때 우즈베키스탄 타슈켄트에 있는 고려인 집성촌에 의뢰해 10명의 장학생 명단을 추천받았다. 이듬해인 2001년도에 10명의 고려인 유학생들이 유학을 와서 1기생으로 터를 닦은 이후 매년 7~8명의 학생이 장학생으로 추천받아 꾸준히 유학을 오고 있다.

내가 고려인 유학생들에게 더 특별하게 마음을 쏟는 것은 그들이 타국에 뿌리를 내린 사연이 참으로 안타까워서이다. 1860년 무렵에 극심한 가뭄으로 기근이 들자 배고픔을 견디다 못해 사람들은 먹을 것을 찾아 두만강을 건너 연해주까지 갔고, 그곳에서 농사를 지으며 살았다. 그러던 중 1937년에 고려인 약 17만 2,000명이 스탈린의 명령으로 중앙아시아 지역으로 강제 이주하게 됐다. 이들 중 상당수는 일제강점기에 나라를 구하기 위해 독립운동을 했던 독립투사이거나 그 가족들이었다. 그러니 현재 러시아 및 구소련 지역에 터전을 잡고 생활하는 고려인의 대부분이 과거 독립투사들의 후손인 것이다. 국가가 보호해주지 못한 사람들을 뒤늦게라도 같은 민족인 우리가 보듬고 성장을 돕는 것은 어찌 보면 당연한 일인지도 모른다.

연변과기대에서 학생들을 지원하면서 지켜보았던 고려인들은 모두 학업에 대한 열정과 능력이 뛰어났다. 게다가 성격도 아주 적극적이고 진취적이어서 종종 나를 찾아와 진로를 상담하기도 하고, 사적인 고민을 털어놓으며 의견을 구하기도 했다. 그리고 내가 한국에 와 있을 땐 이메일로 안부를 전하고 조언을 구하기도 한다. 얼마 전에도 연변과기대 졸업생인 고려인 청년이 메일을 보내왔다. 졸업 후 블라디보스톡에서 터전을 닦고 있던 데니스 김이라는 친구이다.

데니스 김은 학창 시절에 여러 차례 이야기를 나눠보니 창업컨설팅 사업에 무척 관심이 많았다. 그래서 당시에 나는 지난 경험을 들려주며 "사랑하는 사람과 일찍 결혼하여 가정을 꾸리면 가족이 시너지를 발휘하게 해준다. 그리고 가능하면 아내와 함께 사업을 하며 서로에게 힘이 되어주어라."라고 조언해주었다. 나의 조언을 귀담아들어서인지는 알 수 없으나 그는 정말 졸업 후 일찍 결혼하여 창업컨설팅 회사를 창업했고, 현재 블라디보스토크에서 제법 큰 규모로 내실 있게 잘 운영하고 있다.

데니스 김이 보내온 메일에는 "한국에 와서 직접 인사하고 조언도 구하고 싶고, 사업도 더 확장하고 싶은데 코로나 사태로 발목이 묶여 안타깝다."라는 사연이 적혀 있었다. 데니스 김과 같이 나를 믿고 의지하는 청년들에게 나는 단순히 말로만 응원하고 격려하지 않는다. 어떻게든 실질적인 도움이 되도록 방법을 찾고, 새로운 기회가 연결되도록 애쓴다. 필요에 따라 기술이나 인재, 자본 등의 연결고리를 만들어주기도 하고, 각각의 프로젝트들을 서로 연결하며 새로운 기회를 창조하고 시너지를 발휘할 수 있도록 이끌어주기도 한다. 데니스 김에게도 어떤 도움을 줄수 있을까를 고심한 끝에 연해주 개발의 새로운 지표를 열 중요한 건설 프로젝트의 실무팀장을 맡기기로 했다.

데니스 김 외에도 나에게 꾸준히 안부를 묻고 근황을 전하는 고려인 출신의 연변과기대 졸업생들이 적지 않다. 연변과기대 사역을 하던 당시에 나는 분기마다 한 번씩 학교에 들러 대학 운영에 필요한 현안들을 의논하는 한편, 재학생들을 만나서 격려하는 프로그램을 가졌다. 그 가운데 특히 고려인 유학생들은 따로 시간을 내어 밥도 같이 먹고, 그들의 근황과 애로사항을 듣는 시간도 자주 가졌다. 또 고려인 유학생 특별장학금 지원에도 각별하게 신경을 썼고, 겨울방학 때가 되면 학생들이 연해주 탐방을 다녀오도록 조치하는 일도 해줬다. 그런 덕분인지 고려인 유학생들은 아예 나를 '아버지'라고 부르며 신뢰하고 따랐다.

누군가는 이런 나를 두고, 타인의 일에 어떻게 그토록 열성적일 수 있느냐고 의아해하기도 한다. 그럴 때면 나는 "내가 받은 사랑을 다시 되돌려주는 것뿐이다."라고 답한다. 인생을 살아오는 동안 나 또한 많은 사람들의 도움으로 기회를 얻고 위기를 극복하고 힘을 낼 수 있었다. 그 모든 것이 타인을 위한 사랑임을 알기에, 나 또한 다른 많은 이들에게 더 큰 사랑을 나누며 그들의 성장과 발전을 돕고 싶은 것이나.

진실로 감사한 일은, 이렇듯 나를 비롯한 여러 사람의 사랑으로 더 크고 아름다운 열매를 맺은 이들이 또 다른 누군가를 위해 다시 거름이 되고 햇살이 되며 더 큰 사랑을 일으키고 있다는 점이다.

우리 라떼 한 잔 할까요?

———

———

———

———

———

노마지지老馬之智.

'늙은 말의 지혜'라는 의미를 가진 이 사자성어는 오랜 시간에 걸쳐 쌓인 경험이 지혜로 이어짐을 전제한다. 이 말대로라면, 우리 사회는 나이든 이들의 경험과 지혜를 존중하며 소중히 여겨야 한다. 그런데 현실은 어떤가. 요즘 청년세대들은 기성세대를 겨냥하여 '꼰대'라는 말을 자주 쓴다. 게다가 근래에는 "라떼는 말이야."라는 유행어까지 만들어 기성세대의 가르침을 조롱하기까지 한다.

왜 이런 씁쓸한 상황이 벌어진 것일까. 나는 여기에 기성세대의 책임이 크다고 생각한다. 경험이 지혜로 쌓이기보다는 자신만 옳다는 아집으로 굳어진 데다 그 표현 방식마저도 지혜롭기는커녕 권위적이고 일방적인 경우가 많다. 그러다 보니 젊은 세대들은 기성세대를 두고 '꼰대 마인드', '꼰대 의식'이라는 용어까지 곁들여 가면서 그들의 옹고집과 의사 불통, 자기 기준만 옳다고 강조하는 태도, 인색하고 편향됨, 잔소리와 간섭, 대접받기를 당연시하는 경향 등을 비꼬고 폄훼하는 것이다.

한편 "라떼는 말이야."라는 유행어는 꼰대들이 "나 때는 말이야."라며 본인의 청년기나 전성기 때의 경험과 사고방식, 행동방식 등을 내세우며 청년들을 훈계하려는 태도를 풍자하고 비꼰 표현이다.

나이가 많다는 이유로 관계의 우위에 있다는 생각은 올바르지 못하다. 젊은 사람보다 더 많은 시간을 살았으니 인생 경험도 다양하고 많을 수 있다. 그러나 그러한 많은 경험을 통해 쌓인 것이 지혜가 아니라 아집과 권위의식으로 표출된다면 젊은 세대가 거부감을 느끼는 것은 당연하다. 진정한 노마지지老馬之智는 삶의 경험이 지혜로 쌓이고, 그것이 지혜롭게 표현될 때 비로소 그 힘을 발휘하는 것이다.

좋은 마음은 올바른 말과 태도로 표현되어야 제대로 전해진다

국립국어원 표준국어대사전에 따르면 '꼰대'는 '늙은이' 혹은 '선생님'을 이르는 은어이다. 그런데 '늙은이'와 '선생님'이라고 해서 무조건 꼰대인 것은 아니다. 엄격한 의미로 꼰대는 그 특유의 행동 양식인 '꼰대질', 즉 자신의 경험을 일반화하여 타인에게 어떤 생각이나 행동방식 따위를 일방적으로 강요하는 행위를 하는 사람을 두고 하는 말이다.

외국에서도 한국의 '꼰대'들에 대한 시각은 그리 곱지 않다. 지난 2019

년 9월에 영국 BBC방송은 자사 페이스북에 '오늘의 단어'로 'KKON-DAE꼰대'를 소개한 일이 있었다. BBC는 '자신이 항상 옳다고 믿는 나이 많은 사람'을 꼰대라고 설명하며, "당신 주변에도 이런 사람이 있나?"고 물었다. 또 같은 해 5월에는 영국 경제지 이코노미스트가 꼰대를 '젊은 사람들로부터 무조건 복종을 기대하는 사람'으로 소개하기도 했다.

꼰대와 관련한 정의와 특징 중에 근래에 인상적인 것이 하나 추가되었다. '젊은 꼰대'가 바로 그것이다. '젊은 꼰대'는 젊은 세대 중에 꼰대 기질을 가진 사람을 이르는 말로, 학교나 직장과 같은 수직구조의 조직에서 선배나 상사 등 직무적으로 높은 지위에 있는 이가 후배들에게 본인의 생각과 판단을 강요하는 권위적인 태도를 보이는 사람을 의미한다.

2020년에 구인구직 매칭플랫폼 사람인이 직장인 979명을 대상으로 조사한 결과에 따르면, 직장인 10명 중 7명이 자신의 회사에 '젊은 꼰대'가 있다고 답했다. 그들은 '자신의 경험이 전부인 양 충고'하며, '자유롭게 의견을 말하라고 하곤 결국 본인의 답을 강요'하고, '선배가 시키면 해야 한다는 식의 상명하복을 강요'하는 등 기성세대 꼰대만큼이나 꼰대짓을 하는 것으로 조사되었다.

기성세대 꼰대가 성장배경에서 꼰대적 기질이 학습된 데 비해 젊은 꼰대는 자신의 능력을 과대평가하거나 나 이외에 다른 사람은 안중에도 없는 이기주의의 발로라는 지적도 있다. 꼰대적 기질의 근원이 무엇이든, 나이가 많든 적든 나의 기준으로 상대를 대하고 내 생각과 행동을 그에게 강요해서는 안 된다. 설령 좋은 의도일지라도 타인에 대한 이해와 배려 없이 전하는 마음은 올바르게 전달되기가 힘들다.

제아무리 약이 되는 좋은 말이라도 '나'의 방식으로 전하면 상대에게 온전히 전달되기 어렵다. 이솝우화에 나오는 여우와 두루미의 이야기처럼 상대의 입 모양은 배려하지 않은 채 내가 먹기 편한 그릇에 음식을 내어놓으면 아무리 정성을 들여 만든 음식이라도 상대는 그것을 먹기조차 어렵다. 그러니 좋은 의도와 미음이 그대로 전해지려면 상대가 원하는 방식에 대해서도 생각하고 배려해야 한다.

그리고 무엇보다 상대를 나의 기준에 맞게 변화시켜야 한다는 생각을 버려야 한다. 나 자신도 온전히 바꾸기 힘든데 하물며 상대를 변화시키겠다는 것은 오만하기 그지없는 생각이다. 조용히 모범을 보이며 상대가 스스로 깨닫도록 한다면 모를까, 지적하고 훈계하는 것은 삼가야 한다.

존중이 소통의 시작이다

꼰대의 대표적인 특징 중 하나가 '본인이 꼰대인 것을 모른다'라는 점이라고 한다. "꼰대가 뭐 어때서?"라며 자신이 꼰대인 것을 흔쾌히 인정하고 받아들인다면 모르지만, 그게 아니라면 스스로 꼰대가 아닌지를 늘 돌아보고 경계할 필요가 있다.

나도 노년의 나이에 접어들면서부터는 혹여라도 말이나 행동에서 '꼰대스러움'이 나오지 않을까 경계하며, 젊은이들의 생각과 태도를 더 많이 이해하려 노력했다. 매일 뉴스를 챙겨보던 것에 보태어 인터넷서점의 판매 순위를 살피며 젊은이들에게 인기가 높은 책을 구매해서 읽고, 몇 년 전부턴 유튜브를 통해 그들의 생각과 관심사를 유심히 살피기도 한다. 또 공감과 소통, 배려 등 인간관계에 바탕이 되는 태도와 관련한 칼럼과 책들도 많이 읽는다.

내가 이렇게까지 젊은 세대들을 이해해보려 노력하는 것은 나이가 많다는 이유로 '꼰대'로 전락하기 싫어서다. 꼰대가 나이와 무관하다지만 나이 든 사람에 대한 선입견은 피하기 어렵고, 그것을 깨부수려면 나부터 노력할 일이다. 특히 나는 그동안 연변과기대 사역을 하면서 청년 학생들과의 교류가 잦았다. 또한 동북아공동체문화 활동을 하면서 국내외 청장년층과 함께 연구하고 토론하는 일이 많았다. 나와 함께하는 이들에게 이질감과 거부감을 주는 '꼰대'가 된다는 것은 생각만으로도 슬픈 일이다. 그들에게 나이 많은 어른이 아닌 그저 인생을 앞서 살아간 선배로서 작으나마 나의 경험과 지혜를 나누고 싶을 뿐이다.

나이가 많다는 이유로, 그들보다 경험이 많다는 이유로 '가르침'을 주어야 한다는 생각은 전혀 없다. 좋은 경험이든, 그를 통해 나온 값진 지혜이든 그것은 수평적 위치에서의 토론과 생각의 나눔이어야지 일방적인 가르침이 되어서는 안 된다. 혹자는 이런 나의 모습에 지나치게 젊은 이들의 눈치나 보는 것이 아니냐고 할 수 있다. 그러나 내 생각은 다르다. 나이의 많고 적음과 상관없이 인간은 누구나 '나'만큼이나 소중하고 중요한 존재이기에 상대를 존중하는 태도는 관계의 기본이다. 그러니 상대와 소통하려면 우선 그들을 이해하고 공감하기 위해 노력해야 한다. 상대에 대한 이해와 공감 없이 그들과 소통하려는 것은 결국 내 생각을 일방적으로 주입하려는 것 밖에 안 된다.

나이가 들고 노년기에 접어들면 숫자로 따지는 나이[Physical Age]야 어쩔 수 없이 '꼰대 세대'가 된다. 그런데 앞서 말했듯이, 기성세대 혹은 노인이라고 하여 모두가 꼰대가 되는 것은 아니다. 말하고 생각하는 바의 정신 상태와 의식의 흐름[Spiritual Age]은 충분히 존경받는 어른이 될 수 있다. 달리 말해, 선한 영향력을 미치는 '존경받는 꼰대'가 될 수 있다는 말이다.

젊은 세대 또한 기성세대나 노인이 하는 말이라고 하여 무조건 거부하고 불편해할 필요는 없다. 그들의 말이 모두 옳은 것은 아닐 테지만 그렇다고 모두 그르지도 않을 것이다. 그러니 나에게 도움이 되는 말만 잘 골라내어 약으로 쓰는 지혜가 필요하다. 나 또한 윗세대로부터 조언을 가장한 잔소리와 훈계를 자주 들으며 컸다. 그때도 분명 세대 간의 차이는 컸고, 그로 인한 감정적 충돌도 있었다. 그럼에도 "돌이켜보면 그 말씀이 옳았다."라고 생각되는 조언들도 분명 많았다. 단지 그 깊은 마음을 전달하는 방식이 "나 때는 말이야."라는 꼰대의 방식인 것이 아쉬운 것이니 기왕이면 "우리 라떼 한 잔 할까요?"라며 상대를 존중하고 배려하며 다가와 주면 좋을 듯하다.

물론 가장 바람직한 것은 뭐니 뭐니 해도 실천을 통해 모범을 보이는 것이 아닌가 한다. 굳이 나서서 큰 목소리를 내며 가르치기보다는 그저 내가 품고 있는 경륜이나 삶의 경험에서 우러나는 지혜, 넓은 인맥의 관계 구조, 입을 열기 전에 지갑을 먼저 열고 베푸는 여유, 특히 상대의 의견을 존중하고 먼저 챙겨주는 넓은 아량만으로도 충분히 세상을 밝고 훈훈하게 변화시킬 수 있다. 이것이 '아름다운 세상을 위하여Pay it forward' 베푸는 진정한 선한 영향력일 테다.

Aim

목적 목표 지점에 이르는 최고의 가치

Aim

어떠한 삶을 살 것인지
무엇을 꿈꾸며 살 것인지
삶의 목적이 분명하다면,

고난과 역경이 와도 끄떡없다.
실패해도 다시 일어설 수 있다.

어디로 가야 하는지, 왜 가야 하는지가 분명하다면
그 어떤 상황에서도 전진의 걸음을 이어갈 수 있다.

꾸준한 노력이 실력을 만든다

———
———
———
———

소위 천재라고 인정받는 음악가나 과학자, 운동선수, 화가, 작가 등을 평범한 범인으로 만드는 방법은 무엇일까? 《탤런트 코드》의 저자 대니얼 코일Daniel Coyle은 "답은 간단하다. 한 달 동안 연습을 못 하게 하면 된다." 라고 말한다. 나도 이 말에 동의한다. 선천적인 재능은 사라지지 않을지 모르나 그 재능 위에 쌓아 올렸던 능력만큼은 한 달이면 충분히 흔들릴 수 있다. 이후 그들이 연습이나 실험을 하지 못했던 기간의 2배, 3배로 노력하지 않는 한 다시 '천재' 소리를 듣기는 힘들 것이다.

흔히들 천재는 우수한 지능과 재능을 타고난다고 생각하지만 정작 우리가 천재라 여기는 그들은 다른 이야기를 한다. 여든 살이 되어서도 연습을 게을리하지 않았던 피아노의 거장 블라디미르 호로비츠Vladimir Horowitz는 "하루 연습을 하지 않으면 내가 알고, 이틀 연습을 하지 않으면 아내가 알고, 사흘 연습을 하지 않으면 온 세상이 안다."라고 했다. 노벨문학상과 퓰리처상 등을 받으며 세계 최고의 소설가로 인정받은 헤밍웨이도 '세상에서 가장 고달픈 짓'으로 글쓰기를 꼽았다고 한다. 실제로 그는 단편소설 열 개를 쓰면 그중 아홉은 버릴 정도로 수많은 실패 속에서 성공작을 탄생시켰다.

스페인의 위대한 바이올린 연주가인 파블로 데 사라사테Pablo de Sarasate는 수십 년 동안 매일 14시간씩 꾸준히 연습했고, 자신에게 천재라고 칭찬한 한 비평가에게 "자신의 노력은 생각 않고 천재라고 말한다."라며 일침을 가했다. 천재 발명가로 알려진 토머스 에디슨도 전구에 가장 적합한 재료를 찾기 위해 1만 1,000번이나 실험을 시도했고, 세계적인 골프선수 타이거 우즈도 비가 오는 날조차 쉬지 않고 몇 시간씩 연습했다.

세상의 그 무엇도 노력 없이 얻어지는 것은 없다. 그리고 노력을 멈추지 않는 한 실력은 나날이 늘 것이며, 언젠가는 목표로 하는 경지에 이를 수 있다. 사업이라고 다를까. 사업 초창기의 어설픔도, 목표를 향해 나아가며 맞게 되는 크고 작은 위기도 그것을 극복하려는 끝없는 노력이 따른다면 반드시 내 안에 능력으로 쌓이게 된다.

세상에 쉬운 목표는 없다

사업이나 선교 활동을 하며 인연을 맺은 청년들이 내게 창업과 관련한 조언을 구할 때가 종종 있다. 창업 후 힘든 시기를 지나며 조언을 구하기도 하고, 창업을 구상하는 단계에서 이런저런 염려와 두려움으로 용기를 얻기 위해 조언을 구하기도 한다. 그럴 때면 나는 나의 지난 이야기들과 함께 "일희일비하지 말고 장인^{匠人}이 되려는 마음으로 끝없이 노력하라."라고 조언해준다.

장인^{匠人}의 의미를 표준국어대사전에서 찾아보면 '손으로 물건을 만드는 일을 직업으로 하는 사람', '예술가의 창작 활동이 심혈을 기울여 물건을 만드는 것과 같다는 뜻으로, 예술가를 두루 이르는 말'로 되어 있다. 그런데 요즘은 그 의미가 조금 더 확대되어 '각자의 분야에서 꾸준한 노력을 통해 그 특출함을 인정받은 사람'을 뜻하는 말로 쓰이기도 한다.

장인처럼 자신의 분야에서 인정받는 전문가가 되려면 무엇보다 꾸준한 노력이 뒷받침되어야 한다. 한 분야에서 특출한 능력을 발휘하고 성공하기 위해서는 '1만 시간' 이상의 노력이 필요하다는 성공법칙은 비즈니스에도 그대로 적용된다. 사업을 하다 보면 실수나 실패, 혹은 외부적 요인에 의한 고난과 역경을 경험하기 마련이다. 이것을 극복하고 이겨내는 것 또한 진정한 사업가가 되기 위한 과정이다. 고난을 이겨내고 목표에 도전하는 꾸준한 노력은 나의 능력을 성장시킬 뿐만 아니라 그토록 바라던 꿈도 이루게 해준다.

40년 넘게 건설업에 종사하면서 나 또한 좌충우돌의 시기가 왜 없었겠는가. 준비 없이 시작한 탓에 사업 초창기엔 다소 황당하다 싶은 실수도 하고, 크고 작은 시련과 역경도 있었다. 그런데 당시로선 힘겹게 여겨졌던 것들의 대부분이 결국엔 다음 단계로 발전해나가기 위한 감사한 배움이 되어 주었다. 세상에 쉬운 목표는 없으나 노력으로 이루지 못할 목표도 없다. 그래서 나는 청년들에게 앞서 그 길을 가본 선배로서, 노력만큼 정직한 투자는 없다고 자신 있게 조언한다.

이론과 실제는 다르다는 말이 있듯이, 제아무리 탄탄하게 준비를 해도 막상 창업하고 보면 현실에서 부닥치는 문제들이 많다. 나는 준비는커녕 건설에 대해 아는 것도 없이 무턱대고 시작한 탓에 사업을 해오는 동안 남들보다 더 많은 고난을 겪어야 했다. 그럼에도 포기하지 않고 묵묵히 노력한 덕분에 조금씩이나마 회사를 성장시키고 목표를 이루어가면서 지금의 안정을 찾을 수 있었다.

전세를 살다가 길바닥에 나앉을 위기를 맞았을 때, 그 위기를 기회로 바꿔 마련한 100만 원으로 우리 부부는 강남 영동시장 앞 길거리에 12평의 작은 사무실을 세 얻어 '반도조경공사'를 창업했다. 아내가 대학원에서 전공한 조경학은 당시 신규 기술 분야로 주목받고 있었고, 실력만 잘 쌓아두면 나중에 건설회사로 성장시킬 수도 있었다.

나름의 야심 찬 그림과는 달리 그 시작은 초라하기 그지없었다. 개업 후 첫 1년간 맡은 일이라곤 고작 가정집 정원공사 3건과 조그만 모텔 한 곳의 조경공사가 전부였다. 일이 적은 것보다 더 큰 문제는 실력이었다. 창업할 때 3명의 직원을 두었는데, 내가 대학에 다니며 조경학과 학생들에게 야구 코치를 할 때 인연이 되었던 후배들이었다. 직원 3명이 모두 이제 막 대학 4학년에 올라간 학생이었기에 실무경험이 전혀 없었다. 심지어 아내를 돕는다고 나선 나는 실무경험은 고사하고 조경에 대한 이론

조차 없던 상황이었다. 그러다 보니 그야말로 좌충우돌하며 실패를 통해 현장업무를 배워가야 했다.

창업 후 처음 맡은 공사가 가정주택의 마당 진입로에 붉은벽돌을 까는 일이었다. 직원들은 인부 없이 직접 시공을 해보겠다며 호기롭게 공사에 뛰어들었다. 멜빵 지게에 시멘트, 모래, 자갈, 벽돌과 같은 자재를 잔뜩 지고 언덕바지에 있는 현장까지 수십 번을 오갔다. 비록 어설픈 손놀림이었으나 최선을 다해 시공하는 직원들의 모습이 대견하기만 했다. 게다가 완성을 해두고 보니 초보의 손길인지 모를 정도로 모양새까지 훌륭했다.

제법 멋지게 시작을 여는 듯했다. 그러나 안타깝게도 첫 시공의 기쁨은 며칠을 넘기지 못했다. 공사 완료 후 일주일도 지나지 않아 집주인으로부터 다급한 연락이 왔다. 간밤에 내린 비에 마당 진입로가 엉망이 됐다는 것이다. 놀란 마음에 부리나케 현장으로 달려갔다. 직원들과 함께 현장을 확인하니 그야말로 헉 소리가 절로 나왔다. 입이 열 개라도 할 말이 없을 지경이었다. 직원들이 튼튼하게 시공했다고 자랑하며 스스로 대견해 마지않았던, 20㎡에 불과한 진입로가 간밤에 내린 비에 곳곳이 움푹움푹 파이고 온통 찌그러져 있지 않은가!

나중에 비상 대책회의를 하면서 안 사실이지만 지극히 초보적인 일에서 실수를 한 것이었다. 땅바닥에 벽돌 마감 콘크리트 길을 만들 때는 반드시 '버림 콘크리트'로 먼저 기층을 만들어놓고, 그 위에 와이어 매시 또는 철근을 조립한 다음, 일정 두께로 메인 콘크리트를 타설한 후 벽돌로 마감하는 게 원칙이다. 그런데 무지했던 탓에 기초과정을 모두 빠뜨린 것이다. 이처럼 어설프고 멋모르며 시작한 일이 지금에 이르기까지 40여 년의 세월이 흘렀으니, 그동안에 얼마나 많고 많은 일이 있었겠는가. 그 모든 시행착오와 좌충우돌의 시간을 이겨내고 지금에 이르기까지 또 얼마나 큰 노력을 했겠는가.

큰 목표를 세우고 큰 노력을 하라

미국의 교육심리학자인 시카고 대학교의 벤자민 블룸Benjamin S. Bloom 박사는 자신의 분야에서 세계적인 성과를 창출한 학자와 예술가, 운동선수 등 120명을 대상으로 5년에 걸친 조사를 했다.

'재능과 능력이 그들의 성공에 얼마나 영향을 미쳤는가?'라는 주제로 진행된 이 조사에서 블룸 박사의 연구팀은 "성공을 이끈 중요한 요소는 타고난 재능이나 능력이 아니라 좌절과 실패에도 불구하고 끊임없이 반복하는 습관이었다."라는 결론을 얻었다. 조사에 참여한 세계 최고의 수영선수, 피아니스트 등이 최소 15년의 긴 시간을 꾸준한 노력을 통해 자신의 역량을 키웠고, 과학자, 수학자, 조각가 등도 최소 10년 이상의 시간을 꾸준한 노력과 몰입으로 세계 최고의 실력을 완성해냈다.

자신과의 싸움이라 할 수 있는 학문, 예술, 운동 분야의 대가들이 10년이 넘는 긴 시간을 꾸준한 노력을 이어가며 전력투구해야 한다면 정책이나 경제 상황, 기술 변화, 파트너들과의 협력 등 외부의 다양한 변수와 맞서며 발전해나가야 하는 비즈니스는 이보다 더한 노력이 필요하다. 또 다음 단계로의 성장을 위해선 이전 단계보다 훨씬 어려운 도전도 망설임 없이 해나가야 한다. 쉬운 도전만 이어간다면 그저 사업을 유지하는 수준의 성과 밖에 나오지 않는다. 꾸준히 노력하되 더 발전된 수준으로 성장해나갈 수 있는 도전에도 과감할 수 있어야 바라던 성공을 이룰 수 있다.

창업한 뒤 1년 동안은 워밍업 기간이라고 친다지만 이듬해부터는 약간 조바심이 났다. 막상 회사를 차려 놓았는데 일감이 없으니 불안감도 밀려왔다. 아직 학생인 신분이라 인맥이랄 것도 없어서 아내와 함께 막무가내로 여기저기에 일감을 찾으러 다녔지만 신통치가 않았다. 그도 그럴 것이, 우선 공사 단종조경면허가 없어서 정부가 발주한 공사에 입찰할 자격이 안 됐다. 그러다 보니 정부 공사를 수주한 도급기업에서 하도급을 받는 일도 여간 어려운 게 아니었다.

당시는 요즘처럼 하도급 업무 규제가 철저하지 않아서 무면허 업자도 간혹 하도급을 하긴 했으나 단종면허가 없는 업체는 수주 경쟁에서 늘 뒤로 밀렸다. 특히 대기업 또는 중견기업 산하에는 대표의 친인척 되는 사람들이 고정적으로 하도급을 하면서 아성을 이루고 있었기에 그 벽을 뚫고 들어가기가 하늘의 별 따기였다. 그러다 보니 우리 회사는 제대로 된 공사는 아예 근처도 못 가보고 그저 개인 집 정원공사나 일반 사업자가 발주하는 조그만 일 정도가 전부였다.

　사업의 성공이야 장기적인 시각으로 멀리 내다본다고 하더라도 당장 아이들을 키우며 먹고살 돈을 마련하는 것이 시급했다. 한 가정의 가장으로서 참으로 갑갑한 노릇이었다. 백방으로 뛰며 여기저기에서 일거리를 알아보던 중에 하루는 고등학교에서 같이 야구를 했던 K를 만나 이야기를 나누게 되었다. 대학 졸업 후 현대엔지니어링에서 일하던 K는 당시 아산화력발전소현, 평택화력발전소 건설 사업에 참여하고 있었는데, 국내에선 최초로 '턴키 베이스일괄수주계약' 방식으로 진행된다고 했다. '턴키 베이스'는 설계와 시공을 한 회사가 몽땅 책임지고 실행한 다음 준공 시 키Key만 돌려준다고 해서 이름이 붙여진 방식이었다.

　이야기 도중에 나는 갑자기 무릎을 탁하고 쳤다. 기발한 아이디어가 생각난 것이다. 내 아이디어는 단순했다. 아산화력발전소가 '턴키 베이스' 프로젝트라면 우리도 '턴키' 방식으로 한번 접근해 보자는 생각이 들었다. 경력이라곤 누구도 알아주지 않을 소규모 동네 공사 몇 건이 전부였으나 나는 우리 회사의 실력이 딱 그 정도뿐이라곤 절대 생각하지 않았다. 기회가 주어지지 않아 아직 실력 발휘를 못 했을 뿐, 언제든 힘껏 날개를 펼칠 수 있다고 믿었다. 그리고 기왕 실력을 발휘하고 확인할 거라면 제일 센 놈과 견줘보자는 오기도 생겼다. 고만고만한 공사에 참여하느니 이름만 대면 알 만한 큰 공사에 참여하여 실력도 키우고 자신감도 가져보잔 생각도 들었다.

　물론 이것은 온전히 나의 생각일 뿐, 현대엔지니어링과 같은 큰 기업이 규모도 작고 실력도 검증되지 않은 우리 회사에 덜컥 공사를 맡겨줄 리 만무했다. 그래서 국내외 여러 자료를 찾아보며 직원들과 머리를 맞대어 의논한 끝에 나는 그들이 거절하지 못할 매력적인 제안을 던졌다.

"우리 회사가 무료로 아산화력발전소 공원화 기본계획을 세워주겠으니 이 안이 통과되면 나중에 아산화력발전소의 조경공사를 우리 회사가 맡을 수 있도록 도와달라. 그러면 내가 직접 한전에 출입하면서 현대엔지니어링 이름으로 설계를 마무리할 수 있도록 책임지고 일하겠다."

당시 발전소를 공원화해서 환경 정화는 물론 지역주민들이 친근하게 발전소를 탐방하도록 해주는 국가들이 많았다. 나는 이런 해외 사례들을 참고하여 국내 최초로 아산화력발전소를 공원화하는 계획을 제안한 것이다. 감사하게도 나의 제안은 그대로 수용되었고, 우리는 현대엔지니어링을 통해 국내 발전소 공원화 계획의 첫 작품을 설계할 수 있었다. 그리고 현대엔지니어링의 추천으로 턴키 베이스 도급업체인 현대건설로부터 하도급을 맡게 되었다.

당시 업계에서는 면허도 없는 신생 회사가 발전소 조경과 같은 큰 공사를 한다고 시기하는 소리가 컸다. 그러나 실력은 결국 결과물이 증명해주는 것이기에 전혀 개의치 않았다. 물론 우리는 모두의 선입견을 무너뜨리고 보란 듯이 실력을 인정받을 수 있도록 노력하고 또 노력했다. 나는 현대엔지니어링과 현대건설 토목부, 한전 본사를 수시로 출입하며 공사 관련 회의에 참석했고, 하루도 빠짐없이 현장에 나와 직접 공사를 살피며 애초의 설계와 한 치의 오차도 없는 결과물이 나올 수 있도록 세심히 관리했다.

예상대로 현대엔지니어링과 한국전력은 우리 회사의 실력과 진정성 있는 노력을 인정해 주었다. 첫 계약에서의 결과물이 만족스러우니 이후 아산화력발전소뿐만 아니라 국내에서 건설된 원자력 발전소, 화력발전소, 양수발전소 등 대부분의 발전소 조경 및 준공대비공사에 우리 회사가 협력사로 참여할 수 있도록 길을 열어주었다. 이류도 경험도 없는 작은 회사에 기회를 준 것은 현대엔지니어링과 한국전력이었으나 그 기회를 내 것으로 만들고 또 다른 기회를 창출해낸 것은 오롯이 나와 직원들의 진정성 있는 노력과 열정의 결과였다.

세계에서 가장 영향력 있는 여성 CEO로 손꼽히는 인드라 누이Indra Nooyi는 "두 배로 생각하라, 두 배로 노력하라. 그것이 가진 것 없는 보통 사람이 성공하는 비법이다."라고 했다. 나는 이 말에 두 배로 나를 성장시키는 어려운 과제에도 과감히 도전하라는 말을 덧붙이고 싶다. 1루 진출을 목표로 배트를 휘두르면 잘 해야 1루타를 치겠으나 홈런을 목표로 배트를 휘두르면 못해도 2루까지는 갈 수 있다. 물론 큰 목표에 걸맞은 피나는 노력이 뒤따라주지 않는다면 홈런은커녕 헛스윙만 이어질 테니 큰 목표에 걸맞은 큰 노력은 당연한 일이다.

힘들다고 관둘 거면
시작도 하지 마라

———
———
———
———

　성질이 급한 청어는 어부에게 잡혀 수조에 갇히면 얼마 못 가서 죽어 버린다. 그래서 어부들은 청어를 잡자마자 곧바로 냉동을 시켜 팔았는데, 신선도가 떨어져 늘 제대로 된 값을 받지 못했다. 청어를 살아있는 상태로 긴 시간 이동하려면 어떻게 해야 할까를 고민한 끝에 한 어부가 지혜를 짜냈다. 청어가 들어 있는 수조에 천적인 메기를 한 마리 넣은 것이다. 그 과정에서 몇 마리는 잡아먹히기도 했지만, 나머지 수백 마리의 청어는 메기를 피하느라 계속 움직였던 덕분에 오랜 시간의 항해에도 싱싱한 상태로 시장까지 올 수 있었다.

　이 이야기는 인류 역사학자인 토인비가 자주 쓰는 예화 중 하나이다. 천적인 메기와 한 수조 속에 갇힌 청어의 모습처럼 인간에게 고난과 역경은 당장은 고통으로 와 닿을지 모르나 결국엔 삶에 대한 열정과 에너지를 끌어올리는 강한 자극제가 된다. 나의 지난 경험들을 되돌아보아도, 고난과 역경이 지나간 후엔 반드시 더 단단해진 내가 남아 있었다.

20대를 지나오며 삶에 대한 근원적인 고민을 하며 방황할 때도 그랬고, 준비 없이 시작한 사업이 자리를 잡기까지의 크고 작은 시련들도 결국엔 내 안의 열정과 노력을 더 끌어내어 주었다.

다행히 요즘의 청년들은 나의 첫 시작과는 비교가 안 될 정도로 창업을 위한 준비의 과정이 탄탄하고 목표도 분명하다. 그럼에도 막상 창업하면 현실이 자신의 바람과 다르게 흘러갈 때도 있다. 자본이 부족해 애를 태우기도 하고 생각지도 못한 사고나 변수에 당황하기도 한다. 게다가 그 상노가 세면 포기를 생각할 정도로 극심한 고통을 느끼기까지 한다.

셰익스피어는 "'지금 밑바닥이다'라고 말할 수 있는 동안은 아직 진짜 밑바닥이 아니다."라고 했다. 고난과 역경의 순간이 올 때면 나는 늘 조금만 더 가보자는 마음으로 버텼다. 인생을 살아가는 동안 한 인간에게 닥치는 최대치의 고통이 어느 정도인지 알 수 없으나 아직 그 정도는 아닐 것이라 믿었다. 그렇게 버틴 날들이 모여 지금에 이르렀고, 지나고 나니 당시엔 힘겹다 여겨지던 것들도 감사한 경험으로 남아 있다.

이 또한 지나간다

자영업자나 중소기업인들에게 사업 초창기에 겪는 가장 큰 고민거리를 뽑으라면 단연 일감과 돈일 것이다. 아직 이렇다 할 영업망이나 경력이 없으니 일감이 더디게 들어오는 데다 미리 넉넉한 자본을 준비하고 시작한 게 아니라면 돈이 일의 추진에 제동을 걸기 마련이다. 나 또한 그랬다. 준비 없이 시작한 일이다 보니 창업 후 몇 년간은 일감이 없는 것만큼이나 힘든 것이 '돈' 문제였다. 운 좋게 아산화력발전소 준공대비공사를 맡아놓고도 돈이 부족해 마음을 졸여야 했다. 선급금을 일부 받아 공사를 시작했지만, 그 후 일을 공정에 맞춰 잘 추진하려면 상당한 자금이 비축되어 있거나 아니면 조달 능력이 있어서 그때그때 자재 구매와 인건비 지출에 차질이 없어야 한다.

내가 제일 못한 게 그 부분이다. 거의 맨몸으로 시작한 일이 되다 보니 늘 자금에 쪼들리고 궁했다. 아내가 여기저기서 구해 오는 '빚'으로 공사를 추진하면서 매월 말 기성이 나오면 이를 갚아주고 또 빌려오는 형국으로 일을 할 수밖에 없었다. 현장에서의 일은 현장소장과 그 팀이 잘해주어서 아무 탈 없이 진척되고 있었지만, 이들을 잘 뒷받침하려면 자본이 잘 따라주어야 했는데 그게 마음처럼 되질 않았다.

그럴 때마다 소원처럼 아내에게 되뇐 말이 "우리 돈 벌면 집을 한 채 지어서 그걸 은행에 담보해놓고 융자받아서 일해 봅시다."였다. 매월 빚쟁이 눈치 보느라 여념이 없었으므로, '은행 돈'을 이용해서 마음 편히 사업하는 게 큰 소망이 될 수밖에 없었다.

감사하게도 소망을 이룰 기회가 왔다. 아산화력발전소 공사가 마무리 단계에 들어갔을 때다. 양재동 은광여고 후문 쪽에 있는 40평 남짓한 조그만 집터를 인수할 기회가 생겼다. 그런 참에 그 옆에 있는 50평쯤 되는 땅도 사들여 2층짜리 작은 상가주택을 신축하기로 계획을 세웠다. 땅 매입비와 건축비용은 그동안 8개월 공사를 하면서 번 돈과 은행 융자금 및 세입자 전세금으로 어느 정도 충당할 만했다.

집 공사가 한창이던 때다. 비가 억수같이 내리던 날, 우리 부부는 사무실에서 늦은 밤까지 일한 후 공사 현장으로 향했다. 전날에 기초 콘크리트 작업을 해놓은 곳이 큰비에 무너진 것은 아닌지 걱정이 되어서다. 밤중인 데다 비가 많이 오고 있어서 택시가 잘 잡히지 않았다. 겨우 잡은 택시에 먼저 탄 손님이 뒷자리에 앉아 있어 내가 뒷좌석에 타고 아내는 앞자리 조수석에 앉았다. 먼저 탄 손님이 내리고 이내 양재동 공사 현장에 도착했다. 비가 너무 많이 와서 아내는 택시에서 기다리라고 하고 나 혼자 내려 현장을 살펴보았다. 특별한 이상이 없음을 확인한 후 다시 택시를 타고 집으로 향했다.

역삼동 쪽으로 내려가는 내리막길을 지나며 우리가 탄 택시가 그만 사고가 났다. 자정이 다 되어 가는 깜깜한 밤에 비까지 억수같이 쏟아지니 택시 기사가 차도에 있던 분리대를 미처 못 보고 그대로 들이받은 것이다. 내리막길이고 차도 없으니 속도를 좀 냈던가 보다. 택시는 분리대를 들이받고 도로변으로 튕겨 나가다가 가로수에 걸려 급정거를 한 상태가 됐다.

욱신거리는 통증과 함께 이마에서 피가 흘러내렸다. 나는 황급히 조수석에 앉은 아내를 살폈다. 아니나 다를까. 조수석에 앉은 아내는 사고의 충격을 온몸으로 받은 듯이 앞으로 고꾸라져 있었다. 당시는 요즘처럼 조수석에 탄 사람도 의무적으로 안전벨트를 하는 것이 법제화되지 않은 때라 사고의 충격이 더 컸다. 택시 기사와 나는 아내를 끌어내 등에 업고 병원으로 뛰어갔다. 천만다행으로 사고 지점 바로 옆 도로변에 정형외과 병원이 있었다.

그날 아내는 차체 앞범퍼에 얼굴을 부딪쳐 입 주변에 80바늘을 꿰매는 대수술을 받았다. 치아도 4개나 부러지고 경추도 크게 손상을 입은 중상이었다. 그런 아내를 지켜보며 나는 폭우가 쏟아지는 껌껌한 밤중에 구태여 공사 현장에 가보겠다며 길을 나선 나 자신을 한없이 비난하고 질책했다. 그런데 불행이 이것으로 끝나지 않았다.

교통사고가 난 다음 날 아침 일찍, 아직 마취에서 깨어나지 못한 아내의 곁에서 머리에 붕대를 감은 채 망연자실하여 앉아 있는데 장모님이 병실로 들어오셨다. 갑작스러운 사고로 처참한 몰골이 된 딸자식을 내려다보시며 한참을 우셨다. 그리고는 조금 진정되신 후에 내게 불쑥 흰 종이 하나를 내밀어 보이셨다.

종이를 펼쳐보는데, 순간 헉 소리와 함께 말문이 막혔다. 일본에 계시는 장인어른께서 지난밤에, 그것도 우리가 사고 난 그 비슷한 시간에 심장마비로 운명하셨다는 전보 쪽지였다. 어떻게 단 하룻밤 사이에 이런 불행한 일이 우리에게 일어난 것인지, 가슴이 무너지는 고통과 함께 눈앞이 깜깜해졌다. 어쩌다 이런 불행한 일이 한꺼번에 일어났단 말인가! 한마디로 미칠 지경이 되었다. 인생의 험악한 블랙홀에 빨려 들어간 듯 정신이 아득해졌다.

감사하게도 불행이 겹겹이 오던 그날들은 이미 오래전 과거의 일이 되었다. 그리고 더 큰 고난을 이겨내는 단단한 힘으로 내 안에 쌓여 있다. 그렇게 수십 년의 시간을 지나며 지금에 이르는 동안 힘든 일을 겪을 때마다 나는 '이 또한 지나간다'는 것을 믿었다. 그리고 기왕이면 내 삶의 흠집이나 상처가 아닌 깨달음과 힘을 남기며 지나갈 수 있도록 나를 토닥이고 일으켜 세웠다. 자전거를 배울 때 잘 달리는 기술보다 잘 넘어지는 기술을 먼저 배우는 것이 중요하다지 않던가. 꿈과 목표를 향해 나아가는 우리의 삶도 그 길에서 만난 돌부리에 크게 다치지 않고 잘 넘어지는 법, 그리고 그것을 툴툴 털고 잘 일어나는 법을 꼭 익혀두어야 한다. 그래야 포기하지 않고 끝까지 나아갈 수 있다.

나를 죽이지 못한 시련은
나를 더욱 강하게 만든다

니체는 "우리를 죽이지 못한 시련은 우리를 더욱 강하게 만든다."라고 했다. 그의 말대로라면 내가 죽을힘을 다해 견뎌낸 고난은 결국 그 크기만큼 나를 강하게 만들 것이다. 그러니 반드시 해내고 싶은 무언가가 있다면 포기하지만 않으면 언젠가는 이루어진다. 게다가 그 시간은 그저 견딤의 시간이 아닌 자신을 더 단단하고 옹골차게 만들어준다. 수천 도의 뜨거운 열기를 견뎌야지만 마침내 아름답고 단단한 도자기로 완성되듯이 고통과 역경을 이겨낸 이는 그 경험과 시간이 삶을 더욱 빛나게 하는 자양분으로 쓰인다.

나 또한 나의 실수와 잘못으로, 혹은 타인의 잘못이나 경영 환경의 변화 등 외부적 요인으로 인해 곤경에 빠져 앞이 보이지 않는 암담함과 깊은 고통을 맛보기도 했다. 그러나 결코 그것에 굴복하지 않고 견뎌내니 지금의 건강하고 행복한 삶을 누릴 수 있게 되었다. 이 모든 것이 그 시절의 고통과 시련을 죽을힘을 다해 견뎌낸 덕분이며, 나를 죽이지 못한 시련이 나를 더욱 강하게 만든 덕분이다.

교통사고와 같은 예기치 못한 사고는 사고 그 자체로도 고난이지만 몸과 마음이 다시 건강을 회복하는 동안 삶도 많은 타격을 받게 된다. 우리 부부 역시 그날의 사고로 큰 후폭풍을 겪어야 했다. 사고 난 다음 날 곧바로 서울대병원으로 옮겨 입원한 후 석 달 가까이 아내와 같이 한 병실에서 지내다가 12월 초순 무렵 퇴원했다. 우리가 병원에 입원해 있던 석 달 동안 회사 사정은 말이 아니었다. 십여 명 정도 되는 직원들이 일거리가 전혀 없으니 그저 한숨만 내쉬고 있었다. 당시 추진 중이던 사업이 몇 건 있었으나 회사 대표 내외가 장기간 입원하게 되자 협의해 왔던 모든 일이 중단되거나 다른 회사로 돌려졌다.

암담한 현실은 거기서 끝나지 않았다. 퇴원 후 양재동 상가주택 건축 현장으로 달려가 보니 어이가 없어 말이 안 나올 정도의 황당한 상황이 벌어져 있었다. 공사는 건물 뼈대만 세워져 있고 아직 지붕 상량도 올리지 않은 상태로 중단되어 있었다. 현장에는 집 지키는 노인 한 사람만 우두커니 앉아 있었는데, 현장소장은 어디 갔냐고 물어도 제대로 대답을 못 했다.

아내의 동창이 현장소장으로 그 공사 책임을 맡고 있었는데, 우리 부부는 그를 믿고 은행 통장까지 맡겨둔 상태였다. 그런데 석 달 후 퇴원해서 나와 보니 그 모양이었다. 겨우 수소문하여 그를 찾아가 만났는데, 도리어 우리를 보고 통사정을 하는 것이다. 자신이 맡은 다른 공사를 진행하느라 우리 돈까지 쓰게 되었다며 부득이 이번 겨울이 지나고 봄에 집을 완성해주겠으니 좀 참아달라는 것이다. 화가 머리끝까지 치밀어올랐으나 이미 그가 통장의 돈을 모두 써버린 상태이니 어찌할 도리가 없었다. 할 수 없이 지하 월세 단칸방에서 네 식구가 함께 지내며 그 겨울을 보내야 했다.

불운한 일들이 연이어 덮친, 참으로 참담하고 불행한 겨울이 지나고 마침내 기다리던 봄이 왔다. 그런데 공사 책임자인 아내의 동창은 차일피일 이 핑계 저 핑계를 대며 일을 계속해줄 생각을 하지 않았다. 온 식구가 지하 월세 단칸방 생활을 하는 것도 불편하고 서글펐으나, 무엇보다 그렇게 자금줄이 꽉 막혀 있는 동안 회사는 점점 힘들어졌다. 직원은 반으로 줄었고, 아산화력발전소 준공 이후에 받은 공사 잔금도 바닥을 드러냈다.

상황이 이렇게까지 나빠지니 부모님은 회사를 정리하고 어디 취직이나 하라며 야단치듯이 말씀하셨다. 그런데 어쩐 일인지 우리 부부는 고난과 역경이 거듭되니 오히려 그 어떤 일이 있어도 회사 문은 닫지 않겠다는 굳건한 철칙을 갖게 됐다. 이 정도 고난과 역경이 있다고 해서 회사 문을 닫고 물러난다면 지금까지 살아온 게 무의미할 뿐만 아니라 인생이라는 '게임'에서 영원히 지는 것이라는 생각이 들었다. 밥은 굶어도 결코 회사 문은 닫지 않겠다는 자존심을 지키며 우리 부부는 다시 한 번 창업한다는 마음으로 봄의 아지랑이 피는 언덕을 향해 올라갔다.

언제나처럼 '봄'은 온다

───
───
───
───
───

혹독한 바람이 부는 차디찬 겨울의 끝에서 맞는 한 줄기의 봄볕이 얼마나 따뜻하고 찬란한지를 알기에 우리는 겨울의 한 가운데서도 봄을 잊지 않는다. 헤르만 헤세는 "신이 우리에게 절망을 보내는 것은 우리를 죽이려는 게 아니라, 우리에게 새로운 생명을 불러일으키기 위해서다."라고 했다. 겨울을 뚫고 찾아오는 봄, 절망 속에 피어나는 생명은 우리가 혹독한 고난 속에서도 좌절이 아닌 희망을 부여잡아야 하는 이유이다.

헤세는 《수레바퀴 아래서》, 《데미안》 등 많은 이에게 감동을 전하는 최고의 소설을 탄생시키고도 오랜 시간 우울증으로 고통스러워했다. 심지어 마흔여섯 살엔 가정 문제, 경제적 문제, 건강 문제 등의 이유로 강한 자살 충동까지 느꼈다. 다행히 죽고자 하는 마음 아래에 깔린 삶에 대한 의지를 붙잡으며 그는 자신만의 해결책을 만들어낸다. 헤세는 50세의 생일이 될 때까지 자살의 유예기간을 두기로 한다. 2년 후에도 죽고 싶단 생각이 들면 그때 죽기로 한 것이다. 2년 뒤 50번째 생일을 맞은 헤세는 자살을 생각하지 않아도 될 정도로 편안해졌고, 다시 끓어오르는 열망으로 삶을 이어갈 수 있었다.

헤르만 헤세의 경우처럼 고통의 한 가운데서도 우리는 생존을 위한 우리만의 방식을 찾아 삶을 지켜나가야 한다. 조금만 더 가보고 안 되면 그때 포기하자며 선택의 시기를 잠시 미루어두어도 좋고, 고통도 내 삶의 일부라며 수용하고 그 시간을 받아들여도 좋다. 또 기왕이면 머지않아 봄처럼 따뜻하고 빛나는 시간이 올 것을 믿으며 희망을 품어도 좋다. 무엇이 되었든, 그렇게 한숨 돌리고 나면 우리는 조금씩 나를 옥죄던 고통의 시간에서 벗어나게 되고, 언제 그랬냐는 듯이 다시 살아갈 힘을 얻게 된다.

설령 시시포스의 고통일지라도

정신의학자 빅터 프랭클Viktor Frankl은 2차 세계대전 때 나치의 '죽음의 수용소'에서 죽음의 공포와 절망을 딛고 살아남은 인물로 유명하다. 그는 배고픔과 죽음의 고통 속에서도 타인을 위로하고 마지막 남은 빵을 나눠주는 사람들의 모습에서 인간의 자유의지를 확인했다고 한다. 주어진 환경이나 타인의 강압이 내게 고통은 줄 수 있을지 모르나 결코 내 안의 자유로운 의지만큼은 빼앗을 수 없다는 것을 확인한 것이다.

고난과 역경이 거세지면 인간은 죽음을 생각할 정도의 극심한 고통

속에 놓이게 된다. 그런데 이런 최악의 상황에서도 희망을 바라보며 더 단단한 의지를 굳히는 이도 분명 있다. 더는 내려갈 수 없는 밑바닥이다 싶은 상황을 딛고 일어난 수많은 위인이 그러했고, 죽음의 수용소에서 희망을 잃지 않고 살아남은 이들이 그러했다.

교통사고와 그에 따른 삶의 파장은 격렬했으나 우리 부부는 다시 긍정의 마음을 붙잡으며 현실을 살아내야 했다. 늦은 봄부터 다시 상가주택의 건축 공사를 재개했다. 믿고 맡겼던 이에게 된통 당한 뒤라 모든 일을 우리 부부가 직접 관리하고 처리했다. 그런데 잘못 끼워진 첫 단추는 두고두고 우리의 발목을 잡았다. 공사를 책임지겠다던 아내의 동창이 결국 돈을 일부밖에 갚지 못하자 어쩔 수 없이 사채를 빌려 썼다. 공사비 조달이 여의치 않으니 공사 기간도 5개월이나 더 걸렸다.

우여곡절을 겪으며 집은 완성되었으나 사채까지 끌어다 지은 집이라 상황은 더 나빠졌다. 복리로 쌓여가는 이자가 너무나 부담스러웠기에 고심 끝에 우리는 집을 팔기로 했다. 가을 초입에 입주하여 곧바로 집을 내놨으나 언덕바지에 있는 집이라 그런지 도통 팔릴 생각을 하지 않았다. 어쩔 수 없이 겨울을 그 집에서 지내야 했는데, 덕분에 셋째 아이를 그 집에서 출산할 수 있었다. 복리로 쌓여가는 사채 이자 때문에 빚은 눈덩이처럼 불고 있었으나 어린 자식들이 새집에서 따뜻하게 겨울을 보내는 것만으로도 작은 위안이 되었다.

나는 한국전력과의 관계를 계속 유지하면서 아산화력발전소 때의 '턴키' 방식으로 삼천포화력발전소 조경 및 준공대비공사 설계업무에 주력했고, 아내는 봄 시즌을 놓치지 않으려고 의뢰가 오는 일마다 모두 맡아서 했다. 가정집 정원공사뿐만 아니라 농장 조성이라든가 시내 빌딩에 나무를 심어주는 작은 일도 마다하지 않고 열심히 일했다. 그것이 우리 부부가 가족을 지키고 회사를 지키는 최선이자 유일한 방법이었기에 힘들어도 기쁘게 일했다.

우리의 노력과는 별개로 현실은 점점 어려워져만 갔다. 무엇보다 그토록 열심히 일했건만 복리 이자를 이길 수가 없었다. 불가항력이었다. 결국 더는 버티지 못하고 그해 가을에 사채권자에게 집을 통째로 넘겨주고 나왔다. 집을 구할 돈도 없어서 역삼동 연립주택단지 사이의 공터에 10평 규모로 비닐하우스를 지어 이사했다. 회사도 회사이지만, 어린 자식 셋까지 데리고 비닐하우스에서 겨울을 날 생각을 하니 앞이 깜깜했다. 그나마 다행인 것은, 이런 참담한 상태에서도 우리 부부는 한 번도 회사를 그만두겠다는 생각은 하지 않았다. 어떻게든 회사만은 지켜내겠다는 강한 의지도 있었으며, 소중한 지인분들의 따뜻한 위로와 격려가 큰 힘이 되기도 했다.

고생해서 지은 집이라 애정도 깊었으나 부채 청산용으로 털고 나니 오히려 후련했다. 돈에 매여 안달하던 마음이 많이 편안해지고 정화되는 것 같았다. 그래서 우리는 밑바닥에서부터 다시 시작한다는 마음으로 비닐하우스 생활을 택했다. 남들은 뭐라고 할지 모르지만, 세상에 빚지고 살고 싶진 않았다. 그리고 할 수만 있으면, 기왕에 사업을 시작했으니 유

능한 기업가가 되어 가족을 잘 부양하고 이웃을 위해 선하고 유익한 일
노 하고 싶어졌다.

다시 빈손이 되었으나 오히려 그런 밑바닥의 상황이 긍정적인 미래를
꿈꾸게 하는 역설적인 계기가 되었다. 우리 부부는 서로를 토닥이고 격
려하면서 심기일전하여 새 삶을 살아보자는 결단을 했다. 설령 그것이
영원히 되풀이되는 '시시포스Sisyphus의 고통'을 요구한다고 하더라도 포
기하는 것보단 백 배, 천 배 나았다.

절망 속에서 희망의 꽃이 핀다

저마다의 고통의 정도는 다를지라도 인간은 누구나 생에 한두 번은
격렬한 삶의 파고를 지난다. 그리고 삶과 죽음을 고민해야 할 만큼 깊은
절망의 순간을 맞기도 한다. 부끄럽지만 나 또한 극단적인 선택을 시도
한 적이 있다. 나를 둘러싼 모든 것이 힘겹게만 느껴져 순간적인 충동을
이기지 못한 것이다. 그러나 잠깐의 충동을 이겨낸 결과는 너무나 감사
하고 아름다웠다. 죽을 듯이 힘들었던 시간을 다시 희망을 부여잡고 버
티고 견디다 보니 바닥을 치고 올라올 힘이 생겨났다.

나를 새롭게 재정비하는 옹골찬 의지와는 별개로 역시나 현실은 고달
팠다. 2년 기한으로 세를 얻은 300평 공터의 전면도로 쪽에 수목 전시장

형태로 상록수를 잔뜩 심어놓고, 그 나무들 사이로 샛길을 만들어 비닐하우스에 이르게 했다. 뒤편 빈 땅의 한쪽 편에 비닐하우스를 지어놓고 전기와 수도는 담장 너머 옆집에서 공급받았다. 화장실은 유원지에서 쓰는 간이화장실 한 세트를 구해서 설치했다. 비닐하우스 안에 부엌을 칸막이로 막아 놓고 연탄아궁이를 만들어 솥을 걸었다. 방바닥은 흙을 돋우어 온돌형으로 난방을 했으며, 시멘트 바닥으로 마감한 후 그 위에 전기장판을 깔았다.

비와 바람을 막아줄 벽도 없고 담도 없는, 비닐로 된 방 한 칸과 2평짜리 부엌이 전부인 집에서 온 식구가 모여 자면서 겨울을 지냈다. 당시 열네 살이던 처제가 갓 돌을 넘긴 셋째를 돌봐주러 우리와 함께 지내고 있었다. 더는 내려갈 수 없는 한계상황에서 아이들에 대한 미안함과 안쓰러움, 미래에 대한 막막함, 그리고 반드시 다시 일어서겠다는 비장함 등 온갖 복잡한 감정들이 내 어깨를 짓눌렀다. 죽지만 않으면 어떻게든 살아낸다며, 나는 춥디추운 그 겨울을 한 줄기 여린 불빛에 의지하며 버텨냈다.

긴 겨울이 지나고 다시 봄이 왔지만 처지는 크게 달라지지 않았다. 그러던 중에 5월 5일 어린이날이 되었다. 아내는 봄철 공사를 위해 동분서주하며 맡아놓은 일감을 처리하느라 여념이 없었다. 나는 처제와 함께 아이들 셋을 데리고 뚝섬유원지로 놀러 갔다. 어린이날 하루만이라도 아이들에게 부모 구실을 해주고 싶었다. 아이들에게 간식과 마실 음료를

사 주며 유원지 공터에 있는 놀이터에서 놀라고 해두곤 나는 물가로 갔다. 물가에서 깡소주를 마시며 흘러가는 강물을 하염없이 바라보았다. 잔잔히 흐르는 물결 위에 햇빛이 보석처럼 빛나고 있었다.

눈이 부셔서 반쯤 감은 눈의 망막 위로 지난 세월에 겪은 여러 가지 사연들이 파노라마 영상처럼 되새겨졌다. 헤르만 헤세의 《싯다르타》가 연상되었다. 책에 보면, 강변에서 흘러가는 물결을 바라보며 수많은 사람의 얼굴로 윤회해온 자신의 모습을 회상하는 대목이 나온다. 나도 그와 같아서 수많은 사연의 얼굴이 윤회하며 현재의 나를 만들어냈다는 생각이 들자 나는 갑자기 이 혹독한 인연을 끊어 버리고 싶은 충동이 불같이 일어났다.

빈속에 들어간 술기운 때문이었을까. 나는 소주병의 목을 쥐고 물가에 있는 돌멩이를 향해 내리쳤다. 그러고는 깨진 병을 움켜쥐고 왼쪽 팔목을 찔렀다. 겁이 나서 깊이 찌르진 못했다. 부들부들 떨리는 손으로 한참을 바둥대고 있는데 갑자기 등 뒤에서 자지러지게 우는 어린아이 소리가 들려왔다. 엉겁결에 뒤를 돌아보니 놀이터에서 놀고 있던 두 살배기 막내딸이 땅에 엎어져 있었다. 이모가 잠시 화장실에 간 사이에 아이 혼자 놀다가 넘어진 듯했다. 그네를 타고 놀던 두 아들이 동생이 넘어져 있는 곳으로 허겁지겁 뛰어오는 모습이 보였다. 나도 덩달아 튕긴 듯 일어나 달려갔다.

흙 묻은 얼굴로 울고 있는 아이를 부둥켜안았다. 이 어린 것을 두고 내가 무슨 짓을 하려고 했던가! 도망쳐버린다고 해서 그 힘듦이 끝나는 것은 아니다. 남은 가족이 그보다 더한 고통과 힘듦을 지고 살아야 했다. 나는 그런 생각도 없이 그저 나 하나 편해보자고 끔찍한 짓을 저지르려 한 것이다.

처제에게 집에 갈 준비를 하라 일러 놓고 나는 다시 아까 앉아 있었던 물가로 갔다. 혹여나 누가 다칠 수 있기에 깨진 병을 주워 모았다. 손에 상처가 나면서 피가 흘렀다. 몸의 쓰라림보다 더한 슬픔과 회한이 뼛속 깊이 흘러들었다. 나는 입술을 질끈 깨물었다. 살아야 했다. 어떻게든 살아내어 내 어린 자식들을 지켜야 했다.

충동적으로 일어난 일인 데다 지켜본 이도 하나 없었지만 부끄럽고 후회스러웠다. 심기일전하자며 스스로 비닐하우스 생활을 결심하며 낮은 곳으로 임하였음에도 그것이 고통스럽다며 극단적인 선택을 하려 하다니. 더군다나 나는 착한 아내와 어린 자식을 셋이나 둔 가장이 아니던 가! 그날의 어리석은 행동은 깊은 후회로 남으며 두고두고 내게 강한 삶의 의지를 심어주었다.

유난히 매서웠던 겨울도 결국엔 지나가고, 꽁꽁 얼어붙은 땅을 녹여 꽃을 피워내는 따뜻한 봄이 온다. 이 심오하고도 감사한 자연의 섭리를 한 치도 의심하지 않듯이 우리 삶도 죽을 듯 힘겨운 시간이 오면 머지않아 다시 살아보아도 좋을 축복의 시간이 올 것을 믿어야 한다. 그래야 죽을 듯 힘겨운 고통의 시간을 무사히 건너고, 그토록 기다리던 기쁨과 행복의 나날을 맞을 수 있다.

스스로 기적을 만드는 사람이 되라

―――――
―――――
―――――
―――――

'봉황열반鳳凰涅槃 욕화중생浴火重生'

불 속의 고통을 견디고 새로 태어난다는 의미를 지닌 말이다. 아라비아 신화에 나오는 영생의 생명력을 가진 봉황은 인간 세상에서 500년 동안 복을 전하다가 생명이 다하면 향나무 가지에 불을 붙여 스스로 그 불구덩이 속으로 뛰어든다고 한다. 온몸을 태우는 불의 고통을 견뎌낸 봉황은 다시 새로운 생명으로 부활하는데, 이전보다 훨씬 강하고 아름다운 영혼과 육체로 거듭나며 다시 500년의 삶을 인간에게 복을 전하며 산다. 이것을 끝없이 반복하며 봉황은 영생을 얻는다고 한다.

봉황처럼 영생은 힘들지라도 인간 또한 삶의 굽이굽이마다 고난과 역경을 이겨내며 뒤이어 찾아오는 한 줄기의 빛을 통해 삶의 감사를 경험한다. 죽음의 고통 뒤에 찾아오는 삶의 기쁨이니 어쩌면 이 또한 또 다른 의미의 영생이 아니겠는가. 우리 삶에 찾아오는 수많은 시련은 결국엔 우리를 더 강하고 아름다운 영혼으로 이끌고 그다음의 삶을 더욱 힘차게 살아갈 수 있도록 이끌어준다.

나는 시련 뒤에 찾아온 모든 감사한 일들을 기적이라 믿었다. 기적奇跡을 종교적인 관점에서 설명하면, '신神에 의하여 행해졌다고 믿어지는 불가사의한 현상'이라고 한다. 이 말대로라면 기적은 신의 영역임이 분명한데, 안타깝게도 신은 아무에게나 기적을 내리지는 않는다. 기적을 선물로 받으려면 인간은 그만큼의 대가를 내놓아야 한다. 나는 그것이, 죽음을 생각할 정도의 시련이 와도 여기에 굴복하지 않고 다시 일어서려는 끊임없는 의지와 노력이라 생각한다.

　고난과 역경이 왔을 때 절망할 수는 있겠으나, 그 절망을 딛고 일어난다면 분명 기적이라는 감사한 선물을 받을 수 있다. 온갖 시련을 이겨내며 완성했던 상가주택을 사채업자에게 통째로 넘기면서 나는 빚에 짓눌려 숨 막히게 사느니 차라리 모두 털어버리고 훌훌 가벼워지자 생각했다. 그래서인지 잠시나마 홀가분한 마음이 들기도 했었다. 그러나 막상 좁고 열악한 비닐하우스에서 온 가족이 겨울을 지내는 모습을 보니 나는 내 삶의 밑바닥을 맞은 듯 절망스러웠다. 오죽하면 스스로 삶을 포기하고 싶다는 충동을 느꼈을까. 그러나 나는 어린 자식들을 보며 다시 살아야겠다는 의욕이 생겨났고, 내 삶도 사업도 모두 성공하고 싶다는 더 큰 열망을 품게 되었다.

지옥을 통과하는 중일 때는
멈추지 말고 계속 가라

때론 삶이 지옥에서나 맛볼 만한 극심한 고통으로 여겨질 때가 있다. 고난이 끝나지 않을 파도처럼 밀려와 앞이 보이지 않을 때 어쩌면 이것이 삶에서 만나는 또 다른 지옥이 아닐까 하는 마음이 든다. 기적을 만드는 것도 결국엔 인간의 노력이 바탕이 되어야 하듯이 지옥을 벗어나는 힘도 어떻게든 우리 안에서 꺼내어야 한다. "지옥을 통과하는 중일 때는 계속 가라."라던 처칠의 말처럼 삶의 지옥 속에서 고통이 우리를 잠식하려 할 때도 우리는 멈추지 말고 나아가야 한다. 그래야 지옥의 끝을 만나고 마침내 그곳에서 벗어날 수 있다.

비닐하우스에서 살면서 가슴 아팠던 것은 당장 몸으로 느끼는 생활의 불편함이나 서글픔이 아니었다. 돌을 지나고 아장아장 걷는 막내딸이 좁은 비닐하우스를 집이라 여기며 커가는 모습을 지켜보는 것은 상상 이상의 큰 고통이었다. 또래 친구들과 어울리며 가난이 무엇인지를 알아가는 첫째와 둘째의 힘든 마음을 들여다보는 것 또한 가슴이 찢어질 듯 아팠다.

언젠가 하루는 두 아이가 담장을 뛰어넘어 집으로 오는 모습을 보았다. 무슨 일인가 싶어서 하우스 문을 열고 나가 보니 큰 애 둘이서 막 담장에서 뛰어내린 자세로 엉거주춤 서 있었다. 영문을 몰랐던 나는 "너희들 왜 담을 타고 넘어왔냐"고 야단치며 물었다. 그때 큰아이가 했던 말이 지금도 가슴에 커다란 못이 되어 박혀 있다.

"아빠, 저 길로는 못 들어오겠어요."

바깥 도로에서 비닐하우스 쪽으로 들어오는 진입로를 가리키며 울먹이던 그 모습을 나는 평생 잊을 수가 없다. 어린 마음에 비닐하우스에서 산다는 사실이 너무나 싫고 힘들었던 모양이다. 아이들은 혹여 친구들이 볼까 봐 담장 건너 연립주택에 사는 것처럼 주택 단지 안으로 들어갔다가 담장을 타 넘고 들어온 것이다. 비닐하우스로 이사하고부터 쭉 그랬던 모양이었다. 학교에 가거나 밖에 놀러 갈 때도 늘 그렇게 담장을 넘어서 들락날락했다는 것이다.

나는 그날 일을 마치고 밤늦게 돌아온 아내와 아이들을 모두 가슴에 부둥켜안고 얼마나 울었는지 모른다. 마음을 다친 어린 자식들을 붙잡고 가난은 결코 부끄러운 게 아니라며 훈계나 늘어놓을 수는 없었다. 외려 그 아이들의 아픈 마음을 이해하며 함께 울어주고, 그들이 성장하면서 생각이 깊어지고 넓어질 수 있도록 앞서 모범을 보이며 돕는 게 부모의 역할이라 믿었다.

그날 이후 나는 가장의 역할, 아버지의 책임에 대해 다시 한 번 뼈저리게 느꼈다. 비닐하우스에 산다고 서글퍼할 마음의 여유조차 없었다. 무조건 공사를 수주해야 한다는 생각으로 백방으로 뛰어다녔다. 물론 그런다고 규모 있는 일거리가 금세 손에 잡히는 건 아니었지만 내 마음속에 더는 포기나 절망의 감정이 들어오지 못하도록 더 열심히 뛰어다녔다.

나와 아내는 아이들을 생각하며 죽을힘을 다해 열심히 일했다. 작은 일, 힘든 일, 돈 안 되는 일도 마다하지 않고 무조건 이를 악물고 최선을 다해 일했다. 열심히 땅을 고르고 씨앗을 뿌렸던 덕분인지 여름이 지나고 가을철이 되자 일감도 제법 많이 들어왔다. 한전 공사는 거의 나 혼자서 관리했고 나머지 대부분의 일은 아내가 직원들을 데리고 직접 실무를 맡아 일을 했다. 그 때문인지 아내는 작업의 수준과 전문가적 역량이 점점 더 크게 향상되었다. 덕분에 나는 아내를 칭찬하고 직원들을 격려하는 일이 잦아졌다. 더는 내려갈 곳이 없는 밑바닥에서 온 힘을 다 짜내어 힘껏 다시 치고 올라온 덕분인지 사업에도 선순환의 물꼬가 트였다. 사내 분위기가 안정되었을 뿐 아니라 회사에 대한 주변의 신망도 매우 높아져서 절로 기운이 솟아났다.

500만 원의 기적

1981년 10월 초에 추수감사절을 하루 앞둔 어느 날, 아내가 진지한 표정으로 나를 불렀다. 왜 그러느냐 물으니 다니는 교회에 추수감사절 헌금을 좀 하고 싶다는 것이다. 나는 그리하라고 순순히 대답했다. 당시 나는 교회에 나가지 않았으나 아내와 아이들이 교회에 가는 걸 반대하며 막아선 적이 한 번도 없다. 제아무리 가까운 가족이라도 신앙과 같은 인간의 자유의지를 존중하는 것은 너무나 당연한 일이라 여겼기 때문이다.

그다음 날 저녁밥을 먹고 잠시 쉬고 있는데 아내가 또 진지한 얼굴로 나를 쳐다봤다. 오늘 교회에 추수감사절 헌금을 드렸는데, 지난 몇 년간 제대로 헌금을 하지 못해 이번에 마음먹고 좀 많이 했노라고 했다. 나는 고개를 끄덕이며 알겠다고 했다.

"얼마 했냐고 왜 안 물어보세요?"

"물어보면 뭐하나. 헌금했으면 됐지."

"그래도 한번 물어봐요."

"그래, 얼마 했어?"

내 말에 아내는 머뭇거리더니, 500만 원을 헌금했다고 고백하는 게 아닌가! 나는 그 순간 커다란 해머로 뒤통수를 얻어맞은 듯 눈앞이 캄캄해지고 머릿속에 아무 생각이 나질 않았다. 당시의 500만 원은 요즘 돈으로 환산하면 족히 1억 원은 될 큰돈이었다. 더군다나 그 500만 원은 당시 비닐하우스에 살며 어렵게 저축한 우리 가족의 전 재산이라고 해도 과언이 아니었다.

한참을 멍하니 앉아 있는데, 아내가 내 손을 잡아끌더니 미안하고 고맙다고 말했다. 이미 벌어진 일인지라 다시 물릴 수도 없었다. 그 일로 아내와 다툰다면 엎친 데 덮친 모양으로 또 하나의 문제가 더 발생하는 것이니 나는 그저 아내의 등을 토닥이며 잘했다고 해주었다. 아내의 깊은 신앙심을 존중했기에 나는 이 또한 하늘의 뜻이리라 생각하며 다시 가장 낮은 곳에서 시작하는 마음으로 내 안의 열정을 끌어내야만 했다.

그때부터 나는 '실력과 성의'라는 두 팻말을 달고 '실성'한 사람처럼 일을 구하러 돌아다녔다. 까다롭고 이윤이 박한 공사라도 마다하지 않고 감사하게 임했다. 실력과 성의를 다해 일한 덕분인지 다행히 우리에게 일을 맡겼던 회사는 다음 프로젝트에서도 우리를 먼저 챙겨주는 등 의리를 지켜 주었다.

주어진 현실을 겸허히 받아들이고 끊임없이 노력했던 덕분인지 정말 기적이 일어나기 시작했다. 사업적으로도 일감이 늘기 시작한 데다 무엇보다 비닐하우스에서 생활한 지 13개월 만에 밑바닥을 딛고 정상적인 생활의 무대 위로 올라오게 된 것이다. 비닐하우스에서 지내는 동안 우리에게 전기와 물을 공급해주었던 옆집 연립주택에서 자기 집을 사지 않겠냐는 연락이 왔다. 그것도 급히 이사해야 하는 사정이 생겼다며 시세보다 훨씬 싼 가격을 제안했다. 아내와 나는 흔쾌히 그러겠노라고 했다.

얼마 지나지 않아 그 집으로 이사를 했다. 참으로 감개무량했다. 게다가 집다운 집으로 이사를 하니 저절로 기운이 솟고 활력도 생겨났다. 그 이후로 현대건설의 일을 도맡아서 할 정도로 굵직한 공사들이 줄이어 들어오고 결과에 대한 평가도 무척 좋았다. 좋은 일이 줄이어 생겨나니 얼굴에 웃음이 떠나지 않았고, 이른 새벽에 서둘러 출근할 정도로 일할 맛이 절로 났다. 삶은 고난의 연속이라고 하지만, 분명 큰 고난을 이겨낸 뒤에는 기적처럼 찾아오는 감사가 있음을 새삼 느끼게 되었다.

혹자는 그 정도를 두고 무슨 '기적'이라고 하느냐 할 수도 있겠다. 그런데 기적이 꼭 로또 1등 당첨과 같이 크고 대단한 것이라야 하는 것은 아니다. 메마른 사막에서는 꽃 한 송이만 피어나도 기적이다. 고개만 돌리면 쉽게 꽃을 볼 수 있는 곳에선 코웃음이 나올 일일 테지만, 각자의 처지에서 간절히 소망하는 것이 이루어진다면 그게 바로 기적이다.

"인생을 살아가는데 오로지 두 가지 방식이 있다. 하나는 아무런 기적이 없는 것처럼 사는 것과 또 하나는 모든 게 기적이라고 사는 방식이다."라던 아인슈타인의 말처럼 고달픈 삶 속에서 한 줄기의 빛도 기적으로 받아들이고 감사한다면 진짜 기적은 그때부터 시작된다.

일을 대하는 태도가 결과를 이끈다

―――
―――
―――
―――
―――

　사람들은 일할 때 크게 세 가지 타입으로 구분된다. 첫째는 어떤 일이 일어나고 있는지 모르고 그냥 시키는 대로 하는 사람이며, 둘째는 어떤 일이 일어나는지 알지만 더는 관심을 두지 않는 사람이다. 그리고 셋째는 자신이 무슨 일을 하는지 잘 알고 그 일이 좋은 결과를 낳을 수 있도록 노력하는 사람이다. 주방에서 생선을 손질하는 일을 한다고 가정해보자. 첫 번째 경우는 자신이 지금 하는 일이 단순히 '생선을 손질하는 일'로만 알고 일하는 사람이다. 그리고 두 번째 경우는 '외국에서 온 국빈에게 대접할 요리에 쓰일 생선을 손질하는 일'임을 알고 일하는 사람이다. 그리고 세 번째 경우는 '외국에서 온 국빈에게 대접할 요리에 쓰일 생선을 손질하는 일'임을 알고 '오늘 식사자리에서 있을 국가 간의 중요한 협약이 원만히 잘 이루어지기를 기원'하는 사람이다. 어떤 유형의 사람이 자신의 업에 보람과 성취감을 느끼고, 바라던 성공을 이룰지는 굳이 말하지 않아도 알 테다.

　주어진 일은 같을지 모르나 그 일에 임하는 태도는 저마다 다르다. 그리고 그 태도에 따른 일의 결과도 다를 수 있다. 자신이 어떤 일을 하는지를 알며 그 일이 좋은 결과를 낳을 수 있도록 바라는 사람은 누가 시키지 않아도 진정성 있는 태도로 최선을 다해 일한다. 그러니 그 결과마저도 빛나기 마련이다.

'어렵고 힘들고 돈도 안 남는 일'도 실력과 성의를 다해

어떤 태도로 일하는가는 개인의 성장은 물론 그가 속한 조직의 발전과 성공에도 큰 영향을 미친다. 또 사업을 할 때도 성공을 이끄는 중요한 요소로 작용한다. 특히 사업의 초창기엔 당장 눈앞의 이익이 아닌 사업의 기반을 닦고 건강하게 씨앗을 뿌리는 태도로 임하는 것이 중요하다. 아무리 작고 사소한 일이라도 마다하지 않고 최선을 다하다 보면 점점 더 크고 중요한 일을 할 기회가 주어진다. 또 어렵고 힘들고 돈도 안 되는, 모두가 하기 꺼리는 일도 기꺼이 맡아서 최선의 노력을 다하다 보면 그만큼 실력도 늘고, 파트너사와의 신의도 단단해져서 더 큰 기회가 보답으로 돌아오기도 한다.

아산화력발전소 준공대비공사를 마친 후 3년이 지나던 즈음이다. 현대건설 토목부에서 '부산충혼탑건립공사'의 하도급을 맡아보라는 제안을 해왔다. 우리 회사를 위해 기회를 준 듯했으나 내막은 따로 있었다. 모두가 못하겠다고 고개를 내젓는 탓에 우리에게까지 기회가 온 것이었다. 진실이 무엇이건, 우리처럼 작은 회사로선 현대에서 다시 손을 내민 것만으로도 충분히 감사한 일인 데다 다시 실력을 인정받을 좋은 '기회'이기도 했다.

이 공사의 수주를 전담했던 현대건설 영남지사는 낙찰을 받은 후 처음에는 후속 공사까지 기대하면서 파티까지 열었다고 한다. 그러나 막상 작업반을 선정하려니 아무도 이 일을 하겠다고 나서는 업체가 없었다. 본사 건축부로 이첩도 해보고 주택사업부에 협조도 요청해보았으나 모두가 고개를 내저었다. 공사 자체도 힘들지만, 실행예산을 짜보니 도급계약금액보다 하도급 견적이 훨씬 더 많이 나오는 공사였기 때문이다. 부득이 품의서를 도로 영남지사에 내려보내야 하는 상황이 되자 아산화력발전소 준공기념탑공사를 했던 우리 회사가 생각나 연락을 한 것이었다.

나는 이 제안을 받고 며칠간 깊은 고민에 빠졌다. 어렵고 힘들고 돈도 안 되는, 누가 봐도 거절하는 것이 옳은 일이었으나 선뜻 거절할 수가 없었다. 3년 전 우리 회사를 믿고 아산화력발전소 준공대비공사의 기회를 준 '현대'였기에 남의 일처럼 대할 수는 없었다.

도면과 공사 내역을 살펴보니 참으로 어렵고 위험한 일이었다. 대청봉 꼭대기에 70m의 탑을 세우는 일로 작업 여건이 최악인 현장이었다. 설계는 당시 한국건축계를 이끌어 온 김중업 선생이 주력했던 작품이다.

나는 그간 어려운 공사들을 함께 완성해왔던 박수현 소장에게 의견을 물었다. 예상대로 그도 무척 곤혹스러워했다. 일이야 어떻게든 하면 되겠으나, 문제는 돈이란 것이다. 그는 이득은커녕 손해만 날 공사이니 맡지 말자고 했다.

"아, 그것이라면 염려 마세요. 작업만 가능하다면 손해가 나도 내가 책임질 테니까요."

손해가 나도 내가 할 일이었다. 함께 일할 분들에게는 당연히 합당한 돈을 챙겨줄 터였다. 그럼에도 박수현 소장은 내 입장이 되어, 손해날 것을 염려하며 만류했다. 결정하기가 참으로 쉽지 않았다. 밤늦게까지 회사에 남아 불을 꺼놓고 혼자 곰곰이 생각에 빠졌다. "내가 왜 이 일을 해야 하는가"에 대한 깊은 명상을 하다가 갑자기 이런 생각이 들었다.

"현대건설을 이기는 일이 내가 사는 길이다!"

이런 생각이 들자 그토록 복잡했던 마음이 일순간에 정리가 됐다. 현대건설로부터 받은 도움, 즉 아산화력발전소 '턴 키' 프로젝트에 참여함으로써 건설 인생의 새길을 걷게 된 것에 대한 감사함을 갚는 길은 우리 회사가 현대건설보다 한걸음이라도 더 빨리 일하고 한치라도 더 앞선 기능으로 현장의 목표를 달성해주는 것이었다. 마음이 정해지자 나는 다음날 제 발로 현대건설 영남지사를 찾아가 계약을 맺고, 공사에 착공했다.

일 자체를 즐기고,
Know-Why에 치중하라

사업을 하다 보면 숫자로 셈하는 이익이 아닌 숫자 너머의 이익을 살펴야 할 때가 더 많다. 심지어 내 돈까지 털어 넣어야 할 정도로 손해를 보는 일도 기꺼이 해내야 할 때가 있다. 사업을 통한 성과로 신의, 성취, 가치 창출, 소명 등 돈보다 더 중요하고 귀한 가치들이 크기 때문이다.

나는 일의 결과보다 동기를 중요시하고, 돈이나 명예보다 '일'로 깨닫는 성취감과 인간적 자긍심을 더 소중히 여긴다. 사업가에게 이익의 창출도 필요하나 돈보다 더 큰 가치를 창출하는 것은 그 이상의 기쁨이며 사회 속에서 최고로 아름답게 빛나는 선善이라고 확신하기 때문이다. 이런 철학적 기개와 자유의지의 소산이 그 '어렵고 힘들고 돈도 안 남는 공사'를 맡아서 아무 탈 없이, 성공적으로 마무리해낸 근본적 동력이었다고 나는 믿는다.

10개월 만에 부산충혼탑건립 공사가 완료됐다. 준공식을 하루 앞둔 밤에 나는 경내 모든 구간의 청소를 깨끗이 완료해 놓고 박수현 소장과 작업반 팀장들을 불러모아 그동안 고생하셨노라며 음식 대접을 했다. 그리곤 조용히 그곳을 빠져나와 충혼탑이 서 있는 대청봉 정상으로 올라갔다.

10개월에 걸친 땀과 열정의 결과물을 둘러보니 말로는 표현 못 할 큰 감동이 밀려왔다. 여태껏 발주된 각종 메모리얼 타워 가운데 이토록 장대하고 웅장한 작품을 본 적이 없으며, 또한 산봉우리 정상에 이렇듯 위험하고 난이도가 큰 구조물을 세워 본 적도 없었다. 그것을 해낼 수 있었던 것은 왜 이 일을 해야 하는가를 생각하며 실력과 성의를 다한 결과였음이 분명하다.

탑 공사도 무척이나 어려운 시공이었지만 그에 못지않게 신경 쓰인 구간이, 대청봉 공원주차장에서 충혼탑에 이르는 경사면 돌계단 작업이었다. 오랜 세월 동안 폭우나 폭설 등의 험난한 계절의 충격에도 그 돌계단이 꺼져 내리지 않고 끄떡없이 견뎌내도록 경사면을 안정시키는 기초작업이 매우 중요하고 까다로웠다. 이렇듯 건설은 당장 겉으로 드러나지 않는 부분까지도 수십 년, 수백 년을 내다보며 탄탄하고 안정되게 작업해야 하기에 그 일을 하는 '의미'에 대해 생각하지 않으면 안 된다.

일을 할 때 'Know-How', 즉 어떻게 이 일을 해낼 것인가를 생각하는 것보다 더 중요한 것이 'Know-Why', 즉 왜 이 일을 해야 하는가에 중심을 두는 것이다. Know-How에 치중한 고민이었다면 어쩌면 나는 부산충혼탑의 공사를 맡지 않았을지도 모른다. 내가 과연 그것을 잘해낼 수 있을까를 염려하며 겁이 났을 것이다. 그러나 왜 그 일을 해야 하는지 일의 의미에 집중하니 어떻게든 그것을 잘 해내야 한다는 생각부터 하게 됐다.

부산충혼탑 공사를 마무리한 그 날, 나는 거대한 우주선이 내려앉은 듯한 탑의 위용에 감탄하며 뜨거운 눈물을 흘렸다. 현대와의 의리를 지키고, 모두가 못한다며 고개 내젓던 공사를 보란 듯이 멋지게 해냈다는 안도감, 그리고 마침내 현대를 이겼다는 성취감에 감사의 눈물이 쏟아진

187

것이다.

싱대하게 치러셨던 순공식 행사에서 충혼탑을 설계했던 김중업 선생이 대청봉 정상에서 충혼탑을 하늘로 올려다보면서 내게 했던 말을 나는 아직도 기억한다.

"내가 설계했지만, 사실 실제로 시공하기엔 너무 어려운 설계를 했어요. 이 사장이 나보다 더 실력이 있는 것 같아요. 나는 종이 위에 그림을 그릴 줄은 알지만 이렇게 시공하라고 하면 못할 것 같소."

그날 준공식에서 받은 인사 중 가장 크게 위로가 됐던 말이다. 또한 그 한마디가 후일 어떤 어려움을 만나고 위기가 닥쳐도 흔들림 없이 정면 대결하는 용기와 담력을 갖도록 만든 '영혼을 춤추게 하는 촉매'가 되어주었다.

그렇다. 뭔가 이루어낸다는 건 얼마나 기쁘고 감격스러운 일인가! 더군다나 고난을 이겨낸다는 것, 역경을 이겨낸다는 것은 자신을 이겨낸다는 말과 다름없으니, 나는 스스로 그 시험에 들어 나를 증명해낸 것이었다.

현실의 고난과 역경을 뚫고 '현대'를 이겨냄으로써 다시 자신감을 회복한 것은, 돈으로 남는 이익보다 수십 배, 아니 수백 배 더 고귀하고 강력한 능력으로 마음 판에 새겨졌다. 그리고 그 자신감은 자신의 정체성을 지키는 굳건한 틀이 되어 주었을 뿐 아니라 마침내 비즈니스의 영역을 새롭게 확장하는, '자생력'을 키우는 길잡이 역할까지 해주었다.

9회 말, 끝날 때까지
끝난 게 아니다

　지난 2020년 6월, 야구의 참 묘미를 보여주는 경기가 펼쳐졌다. 2003년 창단 이후 전국대회에서 16강에 오른 것이 최고의 성적일 정도로 이렇다 할 성과를 내지 못했던 김해고가 17년 만에 전국 야구대회에서 우승을 거머쥐었다. 17년이라는 긴 세월을 이어온 꾸준한 노력과 열정이 거둔 쾌거인 듯해 참으로 대견했다. 게다가 그날의 우승에는 "이것이야말로 야구의 참맛이며, 야구를 통해 배우는 우리 인생의 묘미다!"라고 여겨질 만큼의 큰 감동이 담겨 있었다. 강릉고와 맞붙었던 결승전에서 1:3으로 뒤지던 김해고가 9회 초에 3점을 뽑아내며 4:3의 극적인 대역전승을 거둬낸 것이다.

　그날의 감동적인 경기를 TV 중계로 지켜보며 야구의 절대 법칙인 "9회 말, 끝날 때까지 끝난 게 아니다."라는 말이 인생에 던지는 깊은 의미에 대해서 거듭 되새기게 되었다. 나는 또래 친구들보다 대학 진학도 늦었고, 기업가로서 자리를 잡는 데도 제법 시간이 걸렸다. 친구들이 나보다 훨씬 일찍, 그것도 내로라하는 명문대에 진학하고 이름만 대면 알 만한 자리에 취업하여 승승장구할 때 나는 비닐하우스에서 생활하며 작은 공사라도 수주받기 위해 발바닥에 땀이 날 정도로 뛰어다녀야 했다. 그 탓에 한때는 심한 좌절감과 패배감에 빠져 있기도 했다.

그런데 은퇴의 시기를 지나 노년의 삶에 접어드니 친구들 사이에서 나는 가장 부러운 사람이 되어 있었다. 일흔이 넘은 나이에 별달리 할 일도 없고 불러주는 곳도 없어 무료하고 적적한 노년을 보내고 있는 친구들과 비교할 때 나는 아직도 하루가 24시간인 것이 아쉬울 정도로 기업가로서, 그리고 선교자로서의 활동에 바쁜 나날을 보내고 있다.

물론 각자 최선을 다한 삶이었기에 누구의 삶이 더 멋지고 훌륭한지 비교하고 평가할 이유는 없다. 그리고 꿈과 목표를 향하는 과정에서 다소 늦다고 해서, 뒤처진 모습이라고 해서 좌절하고 절망할 이유도 없다. 그저 17년 만에 대역전의 경기를 펼치며 우승을 거머쥔 김해고 야구부처럼 우리는 모두 저마다의 우승의 시기가 다를 뿐임을 인정하고 깨달으면 된다. 그러니 아직 끝나지 않은 경기를 성급하게 평가하며 좌절하고 포기해서는 안 된다. 경기가 완전히 끝날 때까진 아무도 결과를 알 수 없다.

패배는 결코
패배로 머물지 않는다

나는 학창시절부터 야구에 대한 사랑과 관심이 특별했다. 어린 시절에 골목 야구로 시작해 초등학교 고학년에는 학교 야구부에서 활동하고 중학교에서도 꾸준히 취미로 야구를 즐겼다. 다시 고등학교에 진학해 2학년 때 학교 야구부의 창단멤버이자 주장으로 활동했다.

모교인 경북고 야구팀도 앞서 소개한 김해고처럼 꾸준한 노력 끝에 마침내 보란 듯이 실력을 발휘하며 반전의 감동을 전하던 때가 있었다. 우리 팀은 창단 1년 동안 대구 지역의 여러 고등학교와 경기를 치르는 것은 물론이고 부산과 경남 지역의 고등학교와도 여러 번 경기를 치렀다. 그런데 단 한 번도 상대 팀을 이긴 적이 없었다. 콜드 게임called game을 당한 적도 여러 번이다.

그러나 패배는 결코 패배로 머물지 않았다. 경북고 야구팀의 창단을 위해 1년간 밑거름 역할을 했던 2학년 동기생들은 전문인력으로 스카우트한 후배들에게 야구의 기술보다 더 중요한 팀워크와 감투정신을 가르쳤고, 언젠가는 우리도 이길 수 있다는 신념을 심어주었다. 이런 노력이 바탕이 되어 마침내 경북고 야구의 황금기를 맞게 되었다. 창립 3년 차 되던 해부터 대통령배전국고교야구대회의 우승을 시작으로 이후 6년간 전국의 수많은 야구대회에서 우승 또는 준우승을 하는 기적을 만들어낸 것이다. 나는 경북고 야구팀의 극적인 변화를 가까이서 지켜보고 응원하며, 인간의 내면에 잠재된 능력이 얼마나 무한한지 또 한 번 깨달았다. 그리고 이런 깨달음은 이후의 삶에서 어떤 경우에도 목표를 향해 묵묵히 나아가게 하는 강한 힘을 공급해주었다.

포기하지 않고 열정적으로 노력을 이어간다면 우리의 삶도 얼마든지 대역전의 감동을 기대할 수 있다. 당장은 성장의 속도나 크기가 보잘것 없어 보이지만 묵묵히 실력을 쌓아 역전의 신화를 만들어낸 인물이나 기업도 많다. 시장 점유율이 3%도 되지 않던 절체절명의 위기에서 스티브 잡스의 귀환으로 애플은 화려하게 부활했다. 1998년에 허름한 창고에서 창업한 구글은 현재 세계 최고의 IT 기업으로 성장했다. 사업 초창기에 창업자를 포함해 직원이라곤 3명이 전부이던 아마존은 20년여가 지난 현재 15만 명의 직원을 둔 거대기업이 되었고, 코로나 위기 속에서도 하루에 2,800명씩 직원을 늘려갔다.

세계 최고의 전자상거래 기업인 아마존은 1995년에 '아마존닷컴'이라는 이름으로 온라인 사업을 시작하던 당시 제프 베조스Jeff Bezos와 그의 부인, 그리고 엔지니어 한 명이 직원의 전부였다. 취급 품목도 도서가 유일했으나 지금의 아마존은 도서, 의류, 신발, 화장품, 보석, 주방용품, 식품 등 다양한 품목을 판매하고 있다. 또 태블릿 PC와 스마트폰 등의 제조 및 판매, 클라우드 서비스 등 사업의 영역을 확장해나가고 있다.

세계 최고의 성공을 구가하는 이들 기업의 시작도 우리와 크게 다르지 않다. 자본도 사람도 부족하고 미래에 대한 불안감도 컸으나 그 열악함을 딛고 성공을 성취해냈다. 언젠가는 자신의 꿈이 이루어질 것을 믿으며 열정과 노력을 아끼지 않았던 덕분이다.

한편 당장 눈앞의 열악한 환경과 미미한 성과가 불만족스러워 성급히 포기한 탓에 역전의 기회를 놓치는 경우도 많다. 스티브 잡스, 스티브 워즈니악Steve Wozniak과 함께 애플의 공동 창업자였던 로널드 웨인Ronald Gerald Wayne은 창업 후 12일 만에 회사를 떠났다. 애플의 미래에 확신이 없었던 탓이다. 그는 출자금 800달러를 돌려받고 그의 지분 10%를 단돈 1,500달러에 넘겼다. 현재까지 로널드 웨인이 자신의 지분 10%를 가지고 있었다면 그는 애플의 1위 주주가 되었을 뿐만 아니라 세계 최고의 부호가 되었을 것이다.

물론 당시 로널드 웨인은 나름의 기준으로 신중한 선택을 했을 테지만 대중은 그의 선택이 너무 성급하지 않았냐며 안타까워한다. 창업을 결심할 때는 달고 맛있는 열매만을 생각해서는 안 된다. 열매를 얻기까지, 흙을 고르고 땅을 다지며 씨앗을 뿌리고 열심히 물을 주는 긴 시간의 노력이 필요함을 잊어서는 안 된다. 1회 첫 타석에서 홈런이 터지면 더없이 좋겠으나 9회 말에도 역전의 만루 홈런이 나올 수 있기에 경기가 시작된 이상 끝날 때까지 최선을 다해야 한다. 경기가 내 마음대로 풀리지 않는다고 중간에 포기하거나 노력을 멈춘다면 역전의 감동은 기대할 수 없다.

크리스마스의 기적

험한 길을 가며 돌부리에 걸려 넘어져도 포기하지 않고 묵묵히 최선을 다하다 보면 언젠가는 편평한 길을 만나 빠른 걸음이 걸어진다. 또 어느 때부터는 제 안에서 힘이 생기고 속도가 붙어 뛰어가게도 된다. 일도 마찬가지다. 한 걸음 한 걸음 최선을 다해 나아가면 설령 곤경에 처하거나 실패하더라도 이내 툭툭 털고 일어난다. 그리고 보란 듯이 다시 나아가며 목표에 도달하고 꿈을 이루어간다.

1997년 11월, IMF 외환위기로 한국은 국가 경제가 일시에 침몰하는 현상이 벌어졌고, 기업경영은 최악의 상태에 달한 듯 피폐해졌다. 부도 업체가 속출했으며 건설업계도 심한 타격을 받았다. 우리 회사도 예외는 아니었다. 갑작스러운 재정적 어려움으로 눈물의 구조조정을 해야 했으며, 보유하고 있던 부동산을 적잖이 매각하여 긴급자금으로 수혈하기도 했다.

창업 후 크고 작은 어려움을 이겨내면서 나는 어떤 일이 닥쳐도 회사 문을 닫지는 않겠다는 결심을 했었다. 국가적인 경제위기 상황이라고 해서 이 결심이 바뀔 순 없었다. 몸집을 최대한 줄이고 그동안 비축한 것을 헐어서라도 어떻게든 버텨야 한다는 각오였다. 그런데 엎친 데 덮친다고, 그 와중에 큰 곤경에 처하는 일까지 발생했다.

이듬해인 1998년에 영종도 인천공항건설공사가 본격적으로 진행되고 있을 때 공항 청사 주변 식재공사를 맡은 M 회사가 공사이행 보증을 요청해왔다. IMF 경제위기가 극심하던 때라 다소 염려가 되었으나 전에

신세를 진 업체라 당연하게 보증을 해주었다. 공사 기간이 2년가량 걸리는 제법 큰 공사였는데, 이 업체가 잔여 공사를 3분의 1이나 남겨둔 상황에서 그만 부도를 내고 말았다. 기성금을 이미 많이 받아간 상태에서 부도를 냈기 때문에, 잔여 공사를 다 하려면 15억 원 이상을 추가로 투입해야 마무리할 만한 일이었다.

참으로 난감했다. 얼마나 힘들었으면 그랬을까, 이해는 됐으나 막상 15억 원이 넘는 거금을 '생돈'으로 투입해야 하는 상황을 맞고 보니 선뜻 답을 내리기가 힘들었다. 보증 이행을 피하려면 우리 회사도 부도 처리를 하면 될 일이었으나 그럴 수는 없었다. 나 자신과의 약속처럼 무슨 일이 있어도 회사는 지켜내야 했다.

현실적으로 매우 힘들고 억울한 일이었지만 회사를 부도내지 않으려면 잔여 공사를 우리가 모두 도맡아서 이행해야 했다. 결국에 일이 다 끝나고 정산을 해보니 약 10억 원 정도를 밑 빠진 독에 물을 갖다 부은 셈이 되었다. 가뜩이나 IMF 사태로 위기를 맞고 있던 회사로서는 바닥에 겨우 남아 있던 기운마저도 쏙 빠져나가는 힘겨운 상황이 벌어진 것이다.

3년을 겨우겨우 버티며 2000년 가을을 맞았다. 안산테크노파크^{현, 경기테크노파크} 신축공사가 발주되었다. 산을 뭉개고 20만㎡의 대지 위에 전체 면적 4만㎡ 규모의 신축 연구단지를 조성하는 공사로, 2군 건설업체^{종합건설면허}까지 참여하는 3백억 원 규모의 프로젝트였다. 몇 년간 IMF 위기에 시달려 온 업계로서는 상당히 큰 프로젝트로 소문이 났고, 수주 경쟁이 치열했다.

입찰 준비를 하면서 단독 입찰이 어려워 동양고속건설㈜을 파트너로 집고 우리 회사가 신낭주세약자 역할을 했다. 입찰은 오후 3시에 있었다. 5시경 입찰업무를 맡은 상무로부터 전화가 걸려왔다.

"회장님……, 우리 2등 했어요."

건설업에 문외한인 사람이 들으면 2등도 잘한 것이 아니냐며 칭찬할 수도 있다. 그러나 건설 분야 입찰에서 '2등'이란 꼴등이나 다를 바 없는, 아무 소용이 없는 성과이다. 학교 공부나 콩쿠르 시상식 같은 데서는 2등도 상을 주고 3등도 인정해 주지만, 입찰에서 2등은 죽은 몸이다.

2등이라니! 차라리 꼴찌나 하고 말지, 아무도 알아주지 않는 2등이 무슨 소용이란 말인가. 더군다나 IMF 위기의 힘겨움을 덜어줄 큰 규모의 프로젝트였던 만큼 직원들의 상심이 이만저만이 아니었다. 그날 본사 직원 중 몇은 속상함에 울기까지 했다.

3년여에 걸친 긴 위기를 버텨내느라 통장은 이미 바닥을 드러냈고, 담보로 돈을 더 빌릴 여유도 남아 있지 않았다. 총알이 없는 빈 총으로 전장의 한가운데 서 있는 군인처럼, 모든 희망이 사라진 듯한 깊은 절망감이 밀려왔다. 도저히 일이 손에 잡히지 않아 직원들에게 저녁 먹고 술이라도 한잔 마시라고 일러 놓고는 일찍 퇴근해서 집으로 왔다. 저녁을 먹는 둥 마는 둥 하곤 7시 뉴스를 보고 있는데 화면에 '퇴출 기업' 명단이 죽 떴다. 그런데 그 가운데 오늘 입찰에서 1등 한 건설사의 이름이 들어가 있는 것이 아닌가! 순간, 너무 놀라서 심장이 멎는 줄 알았다. 나는 부랴부랴 발주처에 전화해서 물어봤다.

"1등으로 낙찰한 회사가 퇴출 기업이 되면 그다음 낙찰자가 누가 됩니까? 혹시 재입찰을 하나요?"

긴장감에 목소리까지 떨리던 나와는 달리 담당자의 호탕한 대답이 걸작이었다.

"1등은 죽고 2등이 1등 되는 겁니다!"

그날 밤 아내와 나는 한없이 뜨거운 눈물을 흘렸다. 죽은 자가 다시 살아나는 기적이 일어난 듯해 그저 감사하기만 했다.

그렇게 영화와도 같은 반전 속에서 낙찰을 받았으나 그 일을 공식적으로 계약하기까지는 상당한 시간과 고비를 넘겨야 했다. 3등이었던 대기업 S사가 2등으로 치고 올라오면서 1등으로 회생한 무명의 중소업체인 우리 회사를 어찌하든 젖혀 보려고 백방으로 힘을 썼던가 보다. 우리 회사의 실적과 세무 관련 사항, 기술인력 및 면허 규정에 이상이 없는지 샅샅이 체크를 했다. 발주처에서도 시간을 끌면서 상대방에 동조하는 듯한 분위기였다. 입찰한 지 두 달이 지나도 낙찰 선언을 하지 않자 지역 사회에서 물의가 일어나기 시작했다. 결국 주요 일간지에서 이를 취재하고 기사화하자 발주처에서 며칠 가지 않아 낙찰 선언을 해주었다. 그때가 2000년 12월 크리스마스 직전이었다.

약 2년에 걸친 공사를 마치고 정산을 해보니 토목, 건축, 조경을 맡았던 우리 회사의 총 이익금이 10억 원을 훌쩍 넘겼다. 2년 전 영종도 인천 공항 조경식재공사보증 이행으로 치렀던 손실금을 만회하고도 많은 돈이 남을 정도였다.

돌이켜보면, 당시 회사를 지켜보겠다고 10억 원이라는 손해에도 불구하고 의리와 책임을 따랐던 젊은 날의 선택이 얼마나 대견한지 모른다. 그 한없이 힘들고 억울했던 심정을 위로하고 다시 새롭고 좋은 것으로 채울 수 있었던 것은 하나님을 믿는 믿음 안에서 인생이라는 긴 게임을 통해 충분히 역전할 수 있다는 자신감과 끊임없는 노력 덕분이었으리라. 게다가 이런 나의 눈물과 땀에 하늘은 크리스마스의 축복으로 기적을 선물해주었으니, 이보다 더 기쁘고 감사한 일이 어디 있을까. 인생은 이렇듯 곳곳에 역전의 감동이 숨어 있기에 드라마틱하고 아름다운 것이다. 그러니 힘들다고 포기할 이유가 전혀 없다. 목적이 이끄는 삶의 큰 그림을 그리며 최선의 노력을 쏟아붓다 보면 분명 기적과도 같은 감사하고 좋은 날이 꼭 온다.

한 끗의 힘

―――
―――
―――

나는 청년 시절엔 야구와 같은 역동적인 스포츠를 즐겼다. 그런데 나이가 들면서 몸에 크게 무리가 가지 않으면서 건강을 챙길 수 있는 운동을 좋아하게 되었다. 다름 아닌 '산책'이다. 몇 년 전부턴 매일 점심 식사를 마친 후면 아내와 함께 사무실 근처 양재천을 산책한다. 때론 멀찍이 떨어져 걸으며, 또 가끔은 손을 꼭 잡고 나란히 걸어가며 당장 오늘 저녁 메뉴는 무엇인지부터 멀게는 우리의 10년 뒤, 20년 뒤를 성글게나마 설계하기도 한다.

산책 외에도 짬이 날 때마다 골프를 즐기는데, 아내와의 산책이 부드럽고 따뜻한 봄날처럼 편안하다면 골프는 변화무쌍한 사계절을 만나는 듯 다양한 에너지가 솟아난다. 특히 칠 때마다 매번 그 결과가 다르다는 점은 마치 우리 인생을 보듯 흥미롭고 매력적이기까지 하다. 골프는 노력에 비례한 정직한 성과가 나오는 것도 아니고 그렇다고 전혀 엉뚱한 결과가 나오지도 않는다. 사람마다 체형이나 힘, 숙련도 등이 다른 데다가 같은 사람이라도 날씨나 그라운드의 여건, 볼이 놓인 상태, 심리상태

등에 따라 매번 천차만별의 결과를 낳는다. 그래서 프로급의 훌륭한 실력을 갖춘 사람이 아니라면 대부분은 칠 때마다 볼이 다르게 날아가고 굴러간다.

이렇듯 골프는 인생과 많이 닮았으나 확연하게 다른 점도 있다. 골프는 프로와 아마추어가 구분되고, 골퍼 스스로 이를 선택할 수 있으나 인생은 여지없이 모두가 프로가 되어 살아가야 한다. 그리고 골프는 언제든 다음 기회에 이전의 실패를 만회할 수 있으나 인생은 생명이 다하는 순간에 모든 것이 끝난다. 즉 인생은 다시 기회가 주어지지 않는 단 한 번의 게임이기에 살아있는 동안에 최선을 다해 성패를 가려야 한다. 그래서 다양한 변수에 대응할 수 있는 만반의 준비와 철저한 노력을 통해 다시 올 수 없는 시간을 온전히 내 것으로 만들어야 한다.

한 번만 더, 조금만 더

다시 올 수 없는, 단 한 번인 생의 시간을 실패로 장식하고 싶은 이가 누가 있을까? 사람마다 성취와 성공의 의미가 다를 테지만 그것을 향한 열망만큼은 모두가 진심일 테다. 그리고 대다수는 꿈과 성공을 이루기 위해 제 나름의 노력도 한다. 그럼에도 모든 이가 목적한 바대로 성공하는 것은 아니다. 간절한 꿈을 품고 노력하지만 왜 누군가는 그것을 이루고 또 누군가는 이루지 못하는 것일까?

"수천 걸음을 내디딘 후에도 효과가 없는 것으로 생각하여 포기할 수 있다. 그러나 성공은 바로 그다음 길모퉁이에 숨어 있는 것이다. 내가 그 모퉁이까지 한 발자국 더 가지 않는 한, 성공에 얼마나 가까이 왔는지 알 수 없다."

세계적인 성공학 저술가인 오그 만디노Og Mandino는 2,500만 부가 넘게 판매된 그의 저서 《위대한 상인의 비밀》에서 "포기하려는 다음 골목에 성공이 기다리고 있다."라고 말한다. 그의 말대로라면, 포기하고 싶은 순간에 딱 한 모퉁이만 더 나아가보자는 집념이 결국엔 우리를 성공에 이르게 한다.

학창시절에 시험을 앞두고 내려앉는 눈꺼풀을 억지로 붙잡으며 "한 번만 더, 조금만 더"라며 노트와 교과서를 세세히 훑어보곤 했다. 완벽하게 이해하지 못하거나 암기하지 못한 부분을 다시 한 번 점검하고, 그 외 놓친 부분이 있는지도 살폈다. 더러는 지난밤 잠을 쫓으며 거듭해서 점검했던 부분이 시험 문제로 출제되기도 했는데, 그런 날은 마치 행운의 여신이 나의 편이라도 된 것처럼 기분이 좋았다.

훗날 기업을 꾸려나가면서 나는 학창시절의 시험 결과가 단순히 운의 영역이 아님을 알게 됐다. 그것은 한 번만 더 외우자, 조금만 더 살피자던 끈질긴 노력의 결과였다. 비즈니스적인 성취, 그리고 기독실업인으로서 교육선교와 청년창업, 구제 등의 사역을 수행하며 다소 난이도 있는 목표에 도전할 때도 결국 그것을 이루게 하는 것은 한 번 더, 조금 더 해보는 노력과 열정이었다. 나는 이것을 '한 끗'의 차이이자 묘미라고 생각한다.

'한 끗' 즉 근소한 차이나 간격으로 성패가 갈린다면, 기껏 죽을힘을 다해 노력해놓곤 마지막 모퉁이 앞에서 포기했던 이가 얼마나 억울하고 원통할까. 나 또한 과거에 단 0.5점의 차이로 큰 기회를 잃을 뻔한 아찔한 일이 있었다. 당시에 나는 할 수 있는 노력은 다했다고 생각했다. 그런데 한 번 더, 조금 더 노력했더니 0.5점이 더 생겨났고, 결국 그 한 끗의 차이가 일의 성패를 바꾸어 놓았다.

1997년의 일이다. 당시 조순 서울시장이 대권의 꿈을 안고 추진한 도시개발사업 가운데 하나가 여의도 공원화 프로젝트다. 이 공사의 입찰에 우리 회사도 당연히 참여했다. 저가 낙찰의 폐단을 줄이기 위해 사전적격심사제도^{PQ}를 도입한 지 얼마 안 되었을 때다. 입찰 전에 회사 실적을 증빙하는 자료가 들어가야 했고, 5년 이내 국가 공공기관의 표창이나 우수업체 인증을 받은 자료가 있으면 가산점이 붙는 그런 제도였다.

입찰일 며칠 전에 조달청 담당자로부터 표창 자료가 더 있으면 추가 제출하라는 연락이 왔다. 회사가 미리 다 챙겨서 접수했지만, 혹시 추가할 게 있는지 살펴보라는 내용이었다. 혹시나 하는 마음에, 나는 직원들에게 그동안 일했던 공공기관에 찾아가 자료실을 샅샅이 뒤지게 했다.

그런데 이게 웬일인가. 5년 전에 주택공사에서 납품우수업체로 표창받은 자료 한 건이 빠져 있었다. 다행히 입찰 하루 전에 해당 자료를 추가로 접수했고, 그 결과 가산점 1점이 추가되어 2등 업체와 0.5점 차로 우리가 낙찰받게 되었다. 여의도공원 2공구^{공원 중앙에서 마포대교 방향 구간}사업을 맡게 된 것이다.

단 하루, 그것도 0.5점 차이로 낙찰을 받고 보니 가슴이 철렁했다. 당연히 모든 자료를 제출했다고 믿고 있었기에 조달청 담당자의 말을 흘려들을 수도 있었다. 그러나 제아무리 꼼꼼하고 철저해도 사람이 하는 일은 실수가 따르기 마련이라 혹시나 하는 마음에 다시 자료를 챙겨본 것이었다.

다른 분야도 그러하겠지만 특히 건설업은 돌다리도 두드려보고 건너고, 꺼진 불도 다시 보라는 말을 항상 명심해야 하는 분야이다. 사소한 오차나 실수가 공사 전체를 망쳐버리는 대형 사고로 이어질 수 있기 때문이다. 나는 평소 꼼꼼하고 섬세한 면이 강한데 건설업을 하면서 더욱 그러한 성향이 짙어졌다. 그래서 매사에 살피고 또 살피며 일에 있어 한 치의 틈도 생기지 않도록 노력한다. 그럼에도 이같이 실수를 할 때도 있기에 늘 한 번 더, 조금 더 노력하며 성공을 향한 마지막 모퉁이로 나아가고 있다.

최고의 실력을 완성하는 남다른 디테일

스포츠, 예술, 과학 등 각 분야에서 세계 최고의 실력을 인정받는 인물 중에 끈질긴 노력 없이 그저 타고난 재능이나 운에 기대어 성공한 이가 누가 있을까. 성공은 탁월한 재능을 가진 특별한 누군가의 것이 아니라 포기하지 않는 열정과 한 번 더 노력하는 집념을 가진 모든 이들의 것이다. 그런데 성패를 결정짓는 '한 끗'의 힘은 우직한 노력에 남다른 디테일까지 더해져야 한다. 그 누구도 흉내 내고 따라올 수 없는 나만의 특별한 집중력, 진정한 '한 끗'의 힘은 남다른 디테일에서 완성되기 때문이다.

흔히들 '디테일'은 선천적인 능력에서 나온다고 생각한다. 타고난 성격이 꼼꼼하고 섬세하다거나, 남다른 창의력을 가지고 있다거나, 혹은 남들이 보지 못하는 부분까지 잡아내는 섬세한 감각을 가진 사람이 디테일에 강하다고 생각한다. 그러나 제아무리 재능과 감각을 타고나더라도 그것을 일에 적용하는 꾸준한 노력이 없다면 남다른 디테일로 완성되기 힘들다.

아시아 최고의 야구 선수이자 모두가 동경하는 메이저리그에 진출해 뛰어난 실력을 인정받은 추신수 선수는 평소 철저한 자기관리와 성실한 훈련을 하는 것으로 유명하다. 그런데 그가 꾸준히 하는 훈련 중에 아주 인상 깊은 것이 있다. 투수가 던진 공이 볼인지 스트라이크인지를 가려내는 선구안을 키우는 훈련으로, 골프공 크기 정도의 여러 색상의 플라스틱 공을 3~4m 정도 거리에서 던지면 그중에서 특정 색상의 공만을 작은 나무젓가락으로 때리는 방식이다. 공과 배트의 크기가 실제 야구와 비교도 안 될 정도로 턱없이 작은 데다가, 무엇보다 특정 색상의 공만을 골라서 쳐야 하니 집중력, 순발력, 운동신경 등 운동선수로서의 다양한 능력을 키우기에 최적이라 할 정도의 섬세하고 영민한 훈련이다. 이것이 바로 최고의 실력을 완성하는 한 끗의 차이인 남다른 디테일을 단련하는 과정이다.

영화 〈기생충〉으로 미국 아카데미 시상식에서 4관왕을 차지하고, 깐느 영화제에서 황금종려상을 차지하는 등 세계에 한국영화의 저력을 알린 봉준호 감독은 '봉테일'이라는 별명이 있을 정도로 디테일을 중요하게 생각한다. 봉준호 감독은 영화의 스토리 콘티를 직접 짜는 것으로도 유명한데, 이때 미리 출연자의 동선이나 행동, 카메라 렌즈의 방향까지 매우 디테일하게 설정해둔다. 또 실루엣 장면을 위해 태양의 고도를 확인하고, 총격전이 있는 장면에서는 총탄이 오고 가는 거리까지 미리 계산해둔다. 이런 디테일한 노력이 영화를 더욱 완성도 있게 해줄 뿐만 아니라 불필요한 촬영을 줄여주어 배우들과 스태프들의 에너지를 더욱 효율적으로 관리할 수 있다.

추신수 선수나 봉준호 감독과 같이 자신의 분야에서 최고의 실력을 인정받는 사람은 남들보다 더 오래, 더 많이 노력하는 것은 기본이다. 그리고 여기에 덧붙여 보통의 실력인 사람들이 소홀히 여기기 쉬운 세세한 부분까지도 완벽에 가까울 정도로 훈련하고 계획한다. 탄탄한 실력을 바탕으로 발현되는 디테일은 평범함을 특별함으로 바꿔주고 2등을 1등으로 만들어주며, 그 누구도 넘볼 수 없는 최고의 실력을 완성하게 해준다.

물론 모두가 최고가 되고 1등이 될 수도 없거니와 그럴 필요도 없다. 그러나 기왕 '인생'이라는 무대가 내게 주어진 만큼 최선의 노력을 다해 볼 필요는 있지 않겠는가. 인생은 골프처럼 오늘의 실수와 패배를 다음 기회에 다시 만회할 수도 없으니 내게 주어진 단 한 번의 기회와 무대에서 내 능력의 최대치를 끌어내어 최고의 결과를 낸다면 이 얼마나 보람되고 멋진 일이겠는가!

하물며 하나님의 부르심에 따라 '목적이 이끄는 삶'을 살아가는 동안에 자신에게 주어진 재능과 은사의 능력을 최대한으로 확장해 나가는 일은 하나님을 위해서뿐만 아니라 자신을 위해서도 생애 최고의 모럴moral 이요 성공적 가치의 실현이다. 단 한 번의 인생을 가장 아름답고 숭고한 삶으로 전환하는 길은 목표지점에 이르는 최고의 가치, 즉 목적에 합당한 충실하고도 진지한 '디테일'의 노력으로부터 시작된다.

Mission

소명 참된 삶을 살아내는 힘

Mission

이 세상에 '나'로 태어난 이유,
이 세상에 머물며 '나'로서 해야 할 일,
그것이 '소명'이다.

'나'로 태어났으나
'우리'를 위한 원대한 꿈과 목적을 품고

창조적 도전으로 희망을 만들고 선한 영향력을 전하며,
나의 소명을 다할 때

비로소 삶은 기쁨과 행복으로 충만해진다.

나는 지금 어디로 가고 있는가

―――
―――
―――
―――
―――

불과 얼마 전만 해도 매년 식목일이 다가오면 TV 뉴스를 통해 지방의
정부 기관이나 관련 사회단체에서 헐벗은 산야에 나무를 심는 장면이 방
영되었다. 현수막을 내걸고, 머리에는 대회명을 새긴 수건을 질끈 동여
맨 채, 구호를 제창하며 열심히 나무를 심는 모습이다. 그런데 어떤 이유
에선지 등장인물들은 나무를 심는 것보다 행사를 치르는 일에 더 관심을
두는 눈치이다.

직급이 높은 기관장이 찾아오면 심던 나무를 팽개치고 그에게 먼저
달려가 인사하기에 급급하다. 또 그 높은 분은 취재진 앞에서 잠깐 나무
심는 흉내를 내주고, 주위의 관계자들에게 몇 마디 격려의 말을 한 후 얼
른 그 자리를 떠나곤 한다. 일정상 또 다른 행사장으로 가봐야 하기 때문
이다. 식목일 행사는 대충 그렇게 끝이 난다.

그들의 모습이 참으로 우스꽝스러우면서도 한편으론 우리 인생의 산
야에 심는 '식목의 작업'도 어쩌면 이런 모습이 아닐까 하는 생각이 들었
다. 진짜가 사라지고 남들에게 멋지게 보이기 위한 삶에 집중하거나, 진

정 소중한 것은 놓친 채 그저 더 많은 것을 가지기 위해 앞만 보고 달리는 것이다.

나라고 크게 달랐겠는가. 최선을 다한 삶을 살아간다고 생각했으나, 좀 더 멀리 떨어져 객관적인 시각으로 바라보니 그저 나와 내 가족의 평온을 위해 열심히 달렸던 것일 뿐이었다. 가족을 위한 삶은 너무나 가치 있고 소중한 것이지만 자칫 명예나 물질 등 세속적인 성공에 매몰돼 '행복'이라는 애초의 복적지를 잃고 엉뚱한 곳으로 달릴 수 있다. 나 또한 그런 혼란의 시간이 있었다. 다행히 뒤늦게라도 세속적인 성공의 한계를 깨닫고 좀 더 큰 삶의 성공을 위해 나아가기 시작했고, 지금도 그 길을 감사한 마음으로 걸어가고 있다.

내 삶은 진정 행복하고 가치 있는가?

청년 시절에 나는 대학과 대학원에서 불교 철학을 전공하며 삶의 성공과 완성에 대한 근원적인 질문과 답을 구하려 노력했다. 어떻게 살아야 잘 사는 것인지, 행복하게 사는 것인지에 대해 끊임없이 질문을 던지고, 깊은 사유를 통해 깨달음을 얻고자 했다. 그러나 철학에 대한 나의 배움은 학문적인 영역에서 벗어나질 못했고, 이렇다 할 답도 찾지 못했다.

우연한 기회에 사업을 시작하여 책임감 있게 일을 해나가다 보니 나름의 성취감도 느끼고 열정도 생겨났다. 회사가 성장하여 안정 궤도에 접어들자 더 크게 성공하고 싶다는 비즈니스적 야망도 생겨났다. 결국 아이들이 자라는 것도 눈여겨 살펴볼 겨를이 없을 만큼 밤낮없이 사업에 매진하며 워커홀릭의 늪에 빠져들었다.

그러던 어느 날, 내 삶의 궤도를 바꾸는 큰 사건이 있었다. 1990년 새해를 맞이하며 나는 여느 때처럼 스키장에서 아이들과 함께 시간을 보내주려 했다. 그런데 아이들이 평소와는 달리 아주 진지한 태도로 내게 부탁을 했다. 올해는 기도원에 가면 좋겠다는 주문이었다.

모태신앙이었던 아내와 아이들과는 달리 나는 교회엘 가질 않았다. 가족들의 종교적 신념과 믿음을 존중했으나 이런저런 이유를 대며 함께하지는 않았다. 그런데 그날은 아이들의 부탁을 거절할 수 없어서 그러겠노라고 했다. 나는 그렇게 준비도 없이 하나님을 만났고, 그동안 내가 알고 있던 세상과 전혀 다른 더 큰 세상을 만나게 됐다.

결혼 후 가정을 꾸리고 사업을 하면서 나는 그 누구보다 열심히 앞으로 나아가고 있다고 생각했다. 그런데 그날, 말로는 설명할 수 없는 신비한 경험을 통해 하나님을 느끼게 되었고, 이후로 막연하게나마 '지금 나는 내가 진정으로 바라던 삶으로 향하고 있는지'에 대해 생각하게 되었다.

물론 당시는 미약한 울림만 있었을 뿐, 내 삶을 보람되고 가치 있게 하려면 무엇을 어떻게 바꿔야 하는지를 알지 못했다. 그저 지금까지 해왔듯이 나의 업을 더 성장시키는 것이 가족들을 위한 삶이자 나의 행복이라고 생각했다. 그러던 중 그해 6월에 교회 동료들과 함께 중국여행을 떠났고, 그 길에서 나는 내 삶이 나아가야 할 방향에 대해 큰 깨달음을 얻는 기회를 맞게 되었다.

아산화력발전소, 삼천포화력발전소, 고리원자력발전소, 영광원자력발전소, 삼랑진양수발전소, 여의도공원, 궁정동 무궁화공원, 하늘공원과 같은 굵직한 공사들의 준공 및 조경공사를 완성도 있게 해내면서 회사는 점점 성장해갔다. 거기다 종합건설면허까지 보유하게 되니 사업의 영역을 좀 더 확장해보고 싶단 생각이 들었다. 특히 당시에 여러 군데 골프장 조경 및 토목 쉐이핑 작업을 수주하여 시공했고, 또 미국 유명 골프장을 돌아볼 기회가 있어서 골프장 건설사업을 해보고 싶은 생각이 컸다.

때마침 중국여행을 하는 과정에서 비즈니스적인 야망을 펼쳐볼 기회가 눈에 들어왔다. 북경, 심양, 연길, 백두산을 거치는 여행 중에 중국 가이드에게 물어보니 그 넓은 중국의 땅에 북경과 상해 딱 두 군데만 골프장이 있다는 것이다. 그것도 일본 사람들이 만들어 운영하고 있다고 했다. 본격적으로 한중수교가 시작되면 한국 기업들의 중국 진출과 더불어 골프장 건설사업이 본격화될 것이 예측되었다. 그래서 남들이 오기 전에 재빨리 선점해야 한다는 생각이 들었다. 한국에서는 겨울에 골프를 못 하기에 4계절 내내 골프를 칠 수 있는 곳을 건설하는 것이 당시 가장 큰 비즈니스적인 기회로 여겨졌기에 더더욱 마음이 조급해졌다.

이후 나는 수시로 중국을 드나들며 사계절 내내 골프장을 열 수 있는 부지를 물색하다가 최종적으로 산둥성 칭다오를 택하게 되었다. 산둥성 칭다오에 석노인관광개발지구로 책정해 놓은 부지 안에 18홀 골프장 허가가 나 있는 곳이 있었다. 그래서 대만팀과 같이 공동으로 골프장 사업을 하려고 추진했는데, 칭다오시로부터 다른 업무협조는 잘 진행이 되었으나 농민 토지보상 문제가 어려워서 일이 잘 진척되지 않았다. 이를 해결하기 위해 그해 10월에 양상쿤 주석의 아들 양샤오밍을 만나 도움을 청해보려 북경에 갔다. 그곳에서 나는 우연히 연변과기대 설립 총장이신 김진경 박사를 만나게 되고, 그분의 삶을 통해 내 안에 가득 차 있던 세속적인 욕망을 반성하며 참된 삶과 행복에 대해 깊은 성찰을 하게 된다.

1990년 10월 초, 북경호텔에서 양샤오밍과 만나기로 한 시각에 김진경 총장도 같은 장소에 있었다. 아마도 같은 시간대에 면담을 잡아둔 듯했다. 나보다 훨씬 연장자이시라 먼저 말씀을 하시라 하고 나는 옆자리에 앉아 경청했다. 그분 말씀의 요지는 이랬다.

"나는 한국 출신으로 미국 시민권자입니다. 유럽에 가서 신학과 철학을 공부했고, 미국에서 20년 넘게 교수, 그리고 사업가로 일하면서 돈도 제법 벌었습니다. 이제 곧 한국과 중국 간에 문호가 열릴 텐데, 미국에 있는 재산을 팔아서 연변 자치주 연길시에 기술전문대학을 하나 세우고자 합니다. 당신 아버지가 실력자이니 내가 하려는 일에 협조를 부탁합니다. 나는 돈을 벌러 온 것이 아닙니다. 순수한 마음으로 중국의 과학기술 발전과 조선족 후예들의 교육을 위해 봉사하고 싶어 왔습니다."

귀 기울여 그분의 말씀을 듣다 보니 너무나 큰 감동이 밀려옴과 동시에 나 자신이 부끄럽기까지 했다. 가족들의 평온함을 위해, 사업적인 성취를 위해 돈을 버는 것이 결코 부끄러운 일일 수 없다. 그러나 나는 그

날 나와는 전혀 다른 차원의 가치를 추구하는 낯선 이의 삶에서 지금껏 알고 있던 것, 그 이상의 가치와 행복을 보게 되었다. 나는 골프장 사업으로 돈을 벌기 위해 중국에 왔는데 이분은 자기 재산을 팔면서까지 남을 도우려고 하는구나! 일면식도 없던 그 누군가의 삶이 진한 감동으로 전해지며 진정한 삶의 가치에 대해 깊은 고민을 하게 만든 것이다. 감사하게도 그때 느낀 감동의 물결이 지금까지 나의 인생 후반전을 이끌어가는 강력한 힘이 되고 있다.

세속의 덫을 벗어나 참된 삶으로 향하다

'나는 무엇을 위해 땀을 흘리고 있는가. 지금 어디로 가고 있는가. 왜 살고 있는가.'

서울에 돌아온 뒤 나는 잠시 내 삶의 달음박질을 멈추고 곰곰이 생각에 잠겼다. 김진경 총장처럼 많은 재산을 내놓으며 위대한 가치를 좇을 수는 없겠지만 적어도 '건설'이라는 나의 업으로 그를 도울 방법은 있으리라 생각했다. 그러다 2주 후 서울에 출장 온 김 총장을 찾아가 나의 뜻을 밝히며 도울 만한 일이 없겠느냐고 물었다. 마침 그는 연변과기대의 조감도까지 그려놓고 모금 운동을 하던 중이었는데, 건설업을 하는 내가 작은 도움이나마 주면 정말 큰 힘이 될 것이라고 했다.

214

"큰 뜻을 이루시는 데 제가 작게라도 도움이 된다면 저로서는 너무나 감사한 일입니다."

그와 많은 이야기를 나누며 감사한 마음으로 동참하겠노라 했다. 가슴 속에서 뜨거운 감동과 열정이 끓어오르며 생애 처음으로 내 모든 것을 던져도 좋다고 느낀 순간이었다. 그렇게 조금만 돕는다며 시작한 일이 벌써 30년이라는 긴 세월을 이어오게 되었고, 삶의 더 큰 기쁨과 보람을 깨닫게 해주는 큰 변화를 가져왔다.

김진경 총장이 중국 연변에 과학기술대학의 설립을 결심한 데는 나름의 배경이 있었다. 그는 1986년 중국사회과학원 초빙교수로 일하며 베이징에서 지내는 동안 조선족들이 사는 연길, 지린, 창춘, 하얼빈 지역을 둘러볼 기회가 있었다. 당시 중국은 개혁과 개방을 위한 분위기가 한창 무르익으며 큰 변화를 겪고 있었는데, 그는 과학기술을 통한 중국의 발전에 우리 동포인 조선족들이 중요한 역할을 하길 바랐다. 게다가 그의 선친은 일제강점기 만주에서 농업학교를 설립·운영했던 분이라 선친의 유업을 좇아 이 지역에 고등교육기관 설립 계획을 갖게 된 것이다.

우리의 우연한 첫 만남이 있기 1년여 전에 이미 그는 지린성과 연길시 정부의 협력하에 중외 합작 형태로 '연변조선족기술전문대학(1년 후 연변과학기술대학으로 승격)' 설립을 허가받고 학교를 지을 부시까지 정해 놓은 상태였다.

나로서는 돈을 더 벌어보겠다고 나선 그 자리에서 김진경 총장은 본인의 재산까지 팔아 조선족 사회를 위해 대학을 세우겠다고 설파하니,

이는 가슴을 치는 충격으로 다가왔다. 함께 오랫동안 '세속의 덫'에 잠자고 있던 내 영혼이 깜짝 놀란 듯 깨어났다. 젊은 날 진리를 찾아보겠다고 불교 철학까지 전공하며 열정을 불태웠던 그 철학적 탐구 정신의 아궁이에 기름을 갖다 붓는 듯한 엄청난 감동이 밀려왔다.

결국, 그 후 중국에서의 골프장 사업 계획을 모두 접고 김진경 총장과 함께 연변과기대를 세우고 인재를 육성하는 교육사업 쪽으로 완전히 방향을 틀게 되었다. 돈을 버는 일이 아닌 돈을 쓰는 일을 하면서도 이토록 감사하고 기쁠 수 있는지 매 순간 놀라울 뿐이다. 더욱이 그런 선하고 가치 있는 일에 아내도 흔쾌히 동참하게 되었으니 이 또한 내 삶의 감사이며 기적이다.

이렇듯 내게 인생 후반전에 새길이 열리면서 지난 30년의 세월 동안 국내외 청년들의 교육선교와 창업지원, 그리고 소외된 이웃과 가난한 이들을 위한 구제 사역을 이어오며 나는 이전에 경험하지 못했던 참된 삶의 가치와 행복을 알아가고 있다.

또 CBMC 실크로드 미션, 환황해경제기술교류협력, 동북아공동체문화사역 등과 같은 글로벌미션을 행할 기회가 주어지고, 남북 간 국가급 교육합작사업인 평양과기대의 건립과 발전을 위한 사역까지 맡아 한반도의 미래를 준비하는 일까지 하게 되었으니 이보다 더 가치 있고 보람된 삶은 없을 것이다.

물론 청년기의 방황과 좌절, 그리고 사업적 성취를 위해 달려온 시간을 후회하지는 않는다. 오히려 그 또한 지금의 나를 이루기 위해 꼭 필요한 기초적인 경험이라 생각한다.

한국은 물론이고 중국, 북한, 중앙아시아 등 교육 사역을 하며 수없이 많은 청년과 만나고, 그들의 애환과 고통을 마음으로 끌어안고 같이 공감하고 소통하면서 나의 지난 경험들이 그들을 이해하는 데 큰 도움이 되었음은 분명하다. 그들의 마음에 꿈과 희망을 심어주고 그것을 이룰 수 있도록 물꼬를 터주는 역할을 하면서 나 또한 함께 성장하고 있음을 느낀다. 이는 신앙적 가치와 힘을 넘어 내 삶 자체를 더욱 풍요롭고 가치 있게 해준다.

이제 막 사회에 첫발을 내딛는 청년들, 그리고 삶의 안정적 기반을 갖추기 위해 숨 가쁜 하루하루를 보내는 이들에게 "나를 넘어 이웃을 함께 생각하는 더 가치 있는 삶을 살라."는 조언은 어찌 보면 배부른 소리처럼 들릴 수 있다. "곳간에서 인심 난다."라는 옛말처럼 내 곳간이 든든해야 그것을 열어 타인에게 베풀 수 있다는 말이 틀린 말은 아니다. 그러나 마음 깊은 곳에 먼저 이웃과 함께하는 삶을 기억하는 것이 더 나은 삶을 살아가는 방도다.

배고픈 이에게 따뜻한 밥 한 끼를 내어주는 온정은 돈이 아닌 마음의 힘으로 하는 일이다. 고통과 시련 속에서 좌절해 있는 이웃에게 따뜻한 관심을 주는 것 또한 물질적인 곳간이 아닌 넉넉한 마음이 해내는 일이다.

나와 내 가족의 발전과 안녕을 위해 달리는 숨 가쁜 시간 속에서도 이웃과 사회를 돌아보는 따뜻한 마음은 얼마든지 함께할 수 있다. 이미 그 선한 마음이 우리 안에 충분히 있기 때문이다. 나는 지금 어디로 가는가를 늘 자신에게 물으며 길을 떠나는 이는 결코 길을 잃지 않는다. 그러니 지금 내딛는 걸음걸음에 "나는 지금 이디로 가는가"를 몰으며 진정 가치 있는 삶을 향해 나아가야 한다.

나무를 심는 사람들

———
———
———
———
———

    비만 오면 진창이 되는 길이 있었다. 마을 사람들이 늘 오가는 길이었기에 그만큼 사람들의 불만도 컸다. 요즘이야 시청이나 구청에 민원을 넣어 압력을 가할 테지만 그마저도 여의치 않던 시절이 있었다.

    "도대체 공무원들은 뭘 하는 거야? 이렇게 진창이 된 길을 고칠 생각을 안 하다니!"

    이렇듯 비만 오면 진창이 되는 길을 지나며 모두가 불평만 하고 있을 때 매일 묵묵히 한 장의 벽돌을 까는 소년이 있었다. 벽돌공장에서 일하던 13살의 소년은 자신의 일당으로 매일 벽돌 한 장씩을 사서 그 길에 깔았다. 하루에 한 장씩 벽돌을 깔아서 진창길을 모두 메우려면 족히 몇 년은 걸릴 일이었다. 그럼에도 불평만 하느니 당장 내가 할 수 있는 일을 해보자며, 소년은 자신의 신념을 행동으로 옮겼다.

    그렇게 한 달여가 지나고 서른 장에 가까운 벽돌이 그 길에 깔리자 사람들은 소년의 행동에 관심을 보이기 시작했고, 그의 우직한 실천에 감동했다. 이후로 마을 사람들까지 그곳에 벽돌 까는 일에 동참했고, 얼마 지나지 않아 진창길은 모두 말끔한 벽돌길로 변화했다. 우직한 실행으로 미을의 변화를 이끈 어린 소년이 바로 미국의 백화점 왕으로 불리는 존 워너메이커John Wanamaker이다.

불편한 현실을 불만으로만 쌓아두는 사람이 있는 반면에 작은 일이라도 실천하며 개선의 노력을 하는 이들도 있다. 절망과 위기의 순간에도 순응하며 포기하는 사람이 있는 반면에 스스로 희망의 빛을 밝히며 더 나은 내일을 만들어가는 이들도 있다.

코로나 팬데믹 이후 몸과 마음이 더욱 움츠러들고, 생존에 대한 깊은 열망과 고민은 자칫 '나'만을 생각하는 개인주의와 이기주의를 더욱 심화시킬 위험도 있다. 그러나 위기와 고난이 깊을수록 '나'를 넘어 '우리'를 생각하고, '현재'를 넘어 '미래'를 준비해야 한다. 누군가 이 위기를 헤쳐갈 길을 만들어줄 것을 기대하기 이전에 스스로 어둠에 불을 밝히는 사람이 되어야 한다. 나의 생존을 위해 타인을 밀어낼 것이 아니라 타인과 더불어 살아갈 내일을 준비하며 더 큰 의미의 삶과 행복을 고민해야 한다.

고결한 실천의 힘

2020년 5월에 어린이날을 앞두고 황금 같은 연휴가 이어졌다. 시원한 바다를 볼 수 있는 곳으로 짧게라도 가족여행을 가고 싶었으나 코로나 바이러스의 두려움에 선뜻 나서기가 쉽지 않았다. 지친 몸과 마음이 재충전될 만한 뭔가를 고민하던 내게 아내가 특별한 제안을 했다. 두레공동체운동본부의 대표인 김진홍 목사님이 산에 나무를 심으려 하는데 일꾼이 모자라 고심하신다며, 거기에 가서 함께 나무를 심자는 것이다.

모처럼의 긴 연휴인데 편히 쉬지도 못할 것이란 염려와 좋은 취지의 일에 동참하려는 의지가 내 안에서 잠시 갈등하였으나 나는 이내 그러자고 했다. 몸이 편한들 마음이 불편하면 아무 소용이 없기에, 우선 마음이 편한 쪽으로 선택한 것이다.

우리 부부는 초등학교 4학년 동급생인 손녀 둘을 데리고 나무를 심을 동두천두레교회로 향했다. 그곳은 오래전 김진홍 목사님이 거친 산골짜기에 터를 잡고 10여 년에 걸쳐 교회와 수도원, 국제학교, 청소년수련원, 은퇴자 주거단지인 두레마을 등을 조성한 곳이었다. 가족과 함께 온 것은 그때가 처음이었으나 혼자서는 여러 번 그곳을 드나들었다. 그때마다 보통의 평범한 사람은 엄두조차 낼 수 없는 일을 창의적 상상력과 소명의식으로 완성해 가고 있는 김진홍 목사님의 모습이 너무나 존경스러웠다.

그날의 식목행사에 참여한 일꾼은 우리 부부와 손녀 둘을 합쳐 열세 명이 전부였다. 비록 인력은 많지 않으나 80대의 목사님부터 10대 소녀에 이르기까지 다양한 연령대가 참여했다. 모처럼 참여한 숲속 길 가꾸기가 무척 의미 있고 감동적이었다. 더군다나 우리 가족이 갔던 그 날 이전에도 여러 날에 걸쳐 수십 명의 사람이 모여 감자밭을 일구고 감자

씨를 심었다고 한다. 우리는 그들의 뒤를 이어 산골짜기 숲속으로 난 길 가장자리에 상수리나무와 아카시아 묘목을 심는 작업을 했다.

토요일 오전에 도착해서 점심을 먹은 뒤 곧바로 작업을 시작했는데, 곡괭이를 잡은 지가 50년이 지난 터라 잘할 수 있으리란 생각보단 일단 열심히나 해보자며 작업에 임했다. 하기 전까진 엄두가 안 났으나 막상 곡괭이를 집어 드니 거칠고 힘든 돌밭 길에 200개 가까운 구덩이를 파고 돌을 골라내고 나무를 심게 되었다. 내 손녀들은 어른들과 함께 조리개 물통으로 계곡물을 퍼날라와 물을 주는 일을 했고, 아내는 구덩이마다 적당한 크기의 묘목을 골라 심는 일을 거들었다.

묘목 심기를 모두 마무리하곤 뿌듯한 마음으로 주위를 둘러보다가 몇 년 뒤 그곳의 모습을 상상하게 됐다. 우리가 정성으로 심은 나무들 아래서 시원한 그늘과 바람을 맛보는 사람들의 모습, 아름다운 꽃을 구경하며 행복해하는 사람들의 모습이 보였다. 그러다 문득, 프랑스의 소설가 장 지오노Jean Giono가 쓴 단편소설인 《나무를 심은 사람》이 생각났다. 거칠고 메마른 산에 35년 동안 나무를 심어온 노인을 두고 소설 속 화자인 지오노는 "단 한 사람의 육체적, 정신적 능력만으로 이 불모지에서 가나안이 솟아난 것을 돌이켜보면, 인간에게 주어진 힘이란 아무래도 놀랍다는 생각이 든다. 그러나 위대한 영혼으로 오직 한 가지 일에만 일생을 바친 고결한 실천이 없었다면, 이러한 결과를 낳을 수 없었을 것이다. 그 사실을 생각할 때마다 나는 신과 다름없는 일을 훌륭히 해낸 사람, 배운 것 없는 그 늙은 농부에 대한 크나큰 존경심에 사로잡힌다."라고 말한다.

소설의 주인공인 엘제아르 부피에는 고산 산악지대 황무지에 혼자 살면서 35년 동안이나 계속 나무를 심어왔던 한 평범한 농부이다. 그가 살고 있던 골짜기에는 원래 숯을 만드는 나무꾼들의 마을이 있었으나 과도한 벌목으로 숲과 나무가 사라지자 샘이 마르고 마을도 황량해졌다. 부피에는 이런 상태를 바꾸어 보자고 결심하며 떡갈나무 도토리를 심기 시작했다. 50대 중반의 나이를 아랑곳하지 않고 그는 거친 황무지에 홀로 생명의 나무를 심기 시작한 것이다.

두 차례의 세계대전이 벌어지는 그 수십 년의 세월 동안 부피에는 홀로 묵묵히 나무를 심었다. 나무가 무럭무럭 자라고 숲이 자리를 잡자 개울에 다시 물이 흐르기 시작했고, 곧이어 새와 나비, 동물이 찾아왔다. 사람들도 근처에 집을 짓고 마을을 이루며 살기 시작했다. 모든 생명이 사라진 그곳에 나무를 심고 숲을 가꾸자 다시 생명이 찾아와 터전을 잡는 모습은 마치 신이 이루어낸 기적을 보는 듯 경이로웠다.

절망적인 상황에서 나무를 심어 자연과 인간에게 희망을 가르쳐준 노인의 헌신과 교훈이 다시금 마음속 깊이 메아리쳐 왔다. 게다가 그 감사와 감동을 직접 눈앞에서 목격할 수 있었다. 구석진 골짜기에 들어와 언덕 위에 교회를 세우고, 사람들을 불러 모아 나무를 심듯 꿈과 비전을 나눈 김진홍 목사님 또한 여든의 고령에도 불구하고 소설 속 부피에처럼 묵묵히 자신의 신념을 행하며 인간에게 희망의 메시지를 전하고 있었다.

꿈과 희망을 심는 사람들

나무를 심은 사람은 단지 소설 속 인물만은 아니다. 김진홍 목사님처럼 실제 우리 주위에도 나무를 심는 마음으로 이웃을 돌보고 후대를 위한 씨앗을 뿌리는 사람들이 있다. 아프리카 부르키나파소의 작은 시골마을에 사는 고령의 농부 야쿠바 사와두구^{Yacouba Sawadogo}는 기후의 변화로 사막화가 되어버린 마을을 포기하지 않았다. 그는 모두가 떠나는 척박한 죽음의 땅을 누구나 찾아오는 살 만한 땅으로 바꾸기 위해 씨앗을 심어보기로 했다. 오랜 노력의 끝에 얻은 결실은 참으로 경이로웠다. 나무 한 그루조차 자랄 수 없던 황폐한 사막을 초록이 우거진 풍성한 숲으로 일궈낸 것이다.

그가 사막을 살리는 데 활용한 방법은 '자이^{Zai}'라는 전통 농법이다. 건기에 땅에 작은 구멍들을 뚫어 그 안에 퇴비와 소똥 등의 유기비료를 넣고, 흰개미가 모여들도록 한다. 그러면 유기비료에 흰개미가 모여들면서 땅 아래로 물길을 만들어주고, 우기에 내린 비를 그곳에 모아둔 후 씨앗을 뿌리는 것이다. 오래전부터 전해오는 농법이지만 그 누구도 시도하지 않은 것은, 이미 사막화가 된 지 40년이나 지난 땅에 다시 풀과 나무가 자랄 수 있다는 희망이 사라졌기 때문이다. 그러나 야쿠바 사와두구는 다시 나무가 자랄 수 있다는 희망으로 묵묵히 땅을 파고 씨앗을 뿌리며 더 나은 내일을 준비했다. 그리고 마침내 죽음의 땅을 생명의 땅으로 바꾸어 놓았다.

어디 그뿐일까. 인도네시아의 중부 자바의 달리 마을에서는 24년 동안 하루도 빠짐없이 나무를 심으며 숲을 만드는 농부가 있다. 농부 사디만Sadiman은 24년 전 큰 화재로 폐허가 된 숲과 마을에 뿌리가 깊어 물을 많이 저장할 수 있는 나무들의 씨앗을 심었다. 자신의 염소를 팔아 나무 씨앗을 사는 그에게 마을 사람들은 제정신이 아니라며 손가락질을 하기도 했다. 그러나 사디만은 주위의 따가운 시선에도 불구하고 24년 동안 250만㎡의 땅에 11,000그루의 나무를 심어 마침내 울창한 숲을 만들어 냈다. 덕분에 그 마을은 점점 울창하고 푸른 녹지로 변했고, 급기야 3모작을 할 정도로 1년 내내 물이 마를 날이 없는 풍요로운 축복의 땅이 되었다.

어디 환경을 바꾸는 일만 그러할까. 나무를 심어 숲을 가꾸는 일이 자연을 살리고 삶의 터전을 풍요롭게 하는 일이라면 교육은 사람을 키우고 더 나은 희망의 미래를 준비하는 일이다. 나는 교육을 통해 희망을 전하는 이들에게 큰 존경과 감사의 마음을 가지고 있다. 내가 김진경 총장과 함께하며 오랜 시간 국내외에서 교육을 통한 선교에 정성을 쏟는 것도 그런 이유에서다.

굵직하게는 중국의 연변과기대와 북한의 평양과기대의 설립과 운영 등에 참여하며 청년들의 가슴에 꿈과 희망을 심어주려 애썼다. 또 그 과정에서 어린 학생들과 청년들의 재능을 성장시켜주고 미래에 희망을 열어줄 좋은 아이디어가 떠오르면 그 또한 시도함에 망설이지 않았다. 1995년에는 연변과기대 교수들과 기독실업인CMBC 연길지회팀이 힘을 합쳐 중국 연길시에 음악학원을 설립한 일도 있다.

당시만 해도 중국의 시골 교회에서는 찬송가를 부를 때 이렇다 할 악보도 없이 패도걸이 종이에 적혀 있는 가사만 보며 노래를 불렀다. 그러다 보니 분명 가사가 다른 곡인데도 매번 멜로디는 같아지는 기이한 현상이 벌어졌다. 그 모습을 보니 찬양 음악 선교를 해야겠다는 생각이 들었다. 내가 몸담은 서울 영동지회에서 재정을 지원하고 연길지회가 운영과 관리를 맡는 것으로 사업계획을 세웠다. 음악학원으로 운영하기에 적당한 건물을 임대해 칸막이를 시공하고 피아노 8대를 넣어 '예찬음악학원'을 개원했다.

강사로는 연변과학기술대 교수들과 연변대학 음악과 교수들을 초빙했고, 작으나마 수고비도 드렸다. 오전에는 교회음악 훈련생들이 피아노를 배웠고 오후에는 일반 학생들을 대상으로 유치부, 초등부, 중등부 등을 운영하며 그 수익으로 학원 임대료와 강사료 등을 충당했다.

당시 초등학생, 중학생이었던 어린 수강생들은 그곳에서 피아노를 배우고 음악적 재능을 키워 훗날 중국 내 유명 음악대학인 상해음대는 물론이고 서울대 음대, 보스턴 음대, 예일 음대 등 외국의 유명 음악대학까지 진학했다. 심지어 당시 초등학교 3학년이었던 한 아이는 예찬음악학원에서 꿈과 재능을 성장시켜 현재는 보스턴 음대의 교수로 활동하고 있다.

이들의 아름다운 성장을 멀리서나마 지켜보며 나는 또 한 번 감격으로 가슴이 벅차올랐다. 당시 8대의 피아노로 시작한 작은 씨앗이 연길시를 넘어 중국 전역으로, 나아가 세계로 뻗어가 건강하고 울창한 나무가 되고 숲이 된 듯 반갑고 기뻤다.

나무를 심는 마음은 분명 특별하고 고결하다. 그러나 나무를 심는 것은 특별한 누군가의 일이 아닌 누구든 할 수 있는 일이다. 작은 관심과 꾸준한 실천만으로도 나의 이웃과 사회, 그리고 후대를 위한 큰 변화를 이끌 수 있다. 울창한 나무와 거대한 숲도 결국엔 작은 씨앗에서 비롯됨을 잊지 말아야 한다.

여덟 개의 'ㄲ'을 챙겨라

신문이나 책에서 좋은 내용이나 문구를 접하면 나는 이를 현재의 마음을 단단히 챙기고 새로운 미래를 끄집어내는 자양분으로 활용한다. 우리의 마음도 화초처럼 늘 햇빛을 쏘여주고 물을 주며 열정이 마르지 않도록 해주어야 하기 때문이다.

스티븐 코비Stephen R. Covey의 《성공하는 사람들의 7가지 습관》은 우리가 의지만 있다면 충분히 더 나은 사람으로 발전할 수 있다는 확신을 느끼게 해주어 나의 인생 도서 중 하나이다. 그리고 이후 우연히 접하게 된 우리 글자 쌍기역ㄲ과 관련한 성공 비결 또한 내게 스티븐 코비의 책만큼이나 강렬한 울림을 주었다.

이 소재는 '쌍기역ㄲ'이 들어가는 외자 낱말 일곱 개를 골라내어 세상에서 성공한 사람들의 성격과 기질을 알아맞히는 퀴즈인데, 이미 인터넷을 통하여 상당히 알려져 있다고 한다. 그런데 더러는 이를 그저 가벼운 낱말 퀴즈 정도로만 여겨지는 듯해 나는 이 일곱 가지 성공 비결에 하나를 더 보태고, 나의 철학과 견해를 덧붙여 소책자를 만들어 주위 분들에게 종종 전하곤 했다. 나는 이것에 '성공하는 현대인들의 7가지 특질'이라 이름을 붙여 보았다.

물론 내가 말하는 '성공'은 돈과 명예, 사회적 존경 등 개인적 차원의 성공만을 의미하지는 않는다. 나와 연결된 모든 사람과 공동체, 즉 '나'를 넘어 '우리'가 함께 이루는 더 큰 의미의 성공까지 포함한 말이다. 그리고 궁극적으로는 유일무이한 나만의 가치를 만들어서 내게 주어진 소명을 다한, 기쁨과 행복으로 충만한 삶 그 자체를 의미하기도 한다.

성공하는 현대인들의 7가지 특질

'ㄲ'으로 시작하는 '성공하는 현대인들의 특질' 중 **첫 번째는 단연 '꿈'이다.** 사람은 누구나 꿈을 갖고 살아간다. 그리고 그 꿈을 이루기 위해 현실의 힘듦을 견뎌내며 어제와 다른 내일을 만들어간다. 끝없는 도전과 노력으로 마침내 꿈을 이뤄낸 이들은 또다시 다음 단계의 꿈을 품으며 나아간다. 생의 시간이 흐르는 동안 꿈은 우리의 열정과 함께 성장하며, 우리를 더없이 가슴 뛰게 해준다.

그러나 안타깝게도 모두가 자신의 꿈을 이루는 것은 아니다. 당장 눈앞의 현실이 고달프다며 꿈을 포기하거나 잊고 살아가기도 한다. 꿈을 포기한 삶은 목적지 없는 항해와도 같아서 그저 의미 없이 시간만 흘려

보내며 내일이 없는 오늘을 살게 된다. 그것은 이미 죽은 목숨이라고 해도 과언이 아니다. 꿈은 단지 물질적이고 세속적인 성공에만 있지 않다. 꿈에는 내가 도달하고 싶은 삶과 이루고 싶은 가치가 담겨 있다. 꿈은 우리에게 희망과 소망을, 이상과 환상을, 야심과 기대를 일깨워준다. 그래서 꿈은 'Dream'이고 'Vision'이다.

꿈을 품고 성취하는 것은 '나' 개인의 만족에만 머물지 않는다. 세상에서 홀로 이루는 일은 없듯이 나의 꿈과 함께하는 사람들 또한 자신의 꿈을 이루게 된다. 그리고 무엇보다 꿈을 이룬 결과는 이웃과 사회에 선한 영향력으로 전해지며 세상을 더 밝고 긍정적이게 변화시키는 데 힘을 보탠다.

두 번째, '깡'이다. 깡은 열정이다. 헤겔의 《역사철학》에 보면 그 마지막 장에서 "세계 역사를 이끌어가는 원동력은 열정이다."라는 말이 나온다. 우리가 아무리 고귀하고 소중한 꿈을 갖고 있다고 해도, 그것을 추진하고 밀어 나가는 힘, 즉 엔진과 같은 깡이 없이는 현실화되기가 어렵다. 꿈을 이루고 성공을 향해 나아가는 길이 순탄하지만은 않다. 오히려 험하고 거칠며 포기하고 싶을 만큼 힘겨울 수도 있다. 가파른 경사 길을 오르려면 있는 힘껏 가속페달을 밟아야 하듯이, 꿈을 향해 나아가는 길에 만나는 고난과 역경도 '깡'으로 훌쩍 뛰어넘어야 한다. 또 모두가 안 된다며 포기할 때 묵묵히 나아가는 열정과 끈기도 결국엔 깡에서 비롯된다.

어디 그뿐인가. 누가 봐도 불리한 상황을 역전시키는 힘도 역시 '깡'

에서 나온다. 그래서 깡은 믿음이고 배짱이다. 용기이며 도전이고 투쟁하는 박력이다. 평범한 양치기 소년 다윗이 막대기와 돌멩이만으로 청동 투구와 비늘 갑옷으로 무장한 거인 골리앗을 이길 수 있었던 것도 깡이 있었기 때문이다. 모두가 골리앗의 큰 덩치에 두려워하며 뒤로 물러설 때 다윗은 자신이 이길 것이라는 믿음과 배짱으로 당당히 도전했고, 보란 듯이 골리앗을 쓰러뜨렸다. 이렇듯 깡은 현대를 살아가는 우리에게 매우 중요한 힘의 원천이 된다.

셋째, '끼'이다. 우리는 지금까지 끼를 부정적인 의미로 말할 때가 많았다. 표준국어대사전에도 끼는 '연예에 대한 재능이나 소질을 속되게 이르는 말', '이성과 함부로 사귀거나 관계를 맺는 경향이나 태도'라고 나와 있다. 그런데 창의성과 개성을 중요하게 생각하는 현대에는 '끼'를 긍정적인 의미로 받아들일 뿐만 아니라 소중한 자산이라고 생각한다.

'끼'는 기운, 기백, 기세를 뜻하는 '氣'가 어원이다. 그러니 엄밀히 따져도 부정적인 의미로 쓰일 이유가 없다. 모든 방면에서 우수하기보다는 자신만의 분야에서 특출한 것을 인정받는 시대에 끼는 곧 재능이요, 능력이다. 무대에 선 배우가 끼가 없다고 생각해 보라. 그 드라마나 쇼에서 얼마나 큰 재미와 감동이 솟아나겠는가. 사업가에게 관련 분야에 대한 확고한 소신과 지식이 없다면 누가 그가 만든 상품과 서비스를 구매하겠는가. 정치인에게는 정치적 신념과 그것을 밀어붙일 기백이 없다면 누가 그를 믿고 귀한 표를 맡기겠는가.

끼는 이 시대를 살아가는 현대인에게 참으로 중요한 개성미이자, 그만이 가지는 독특한 사실이 된다. 그러니 적극적으로 나의 끼를 찾고 개발하며 자신만의 분야에서 당당하게 발휘함으로써 꿈도 이루고 성공도 성취할 일이다.

넷째, '꾀'이다. '꾀' 역시 '끼'처럼 과거에는 부정적인 의미로 쓰일 때가 많았다. 특히 유학 사상을 중요하게 여기던 시대에는 오히려 어리석음을 중요한 덕목으로 삼았다. 사람이 너무 영특하여 남의 약점이나 틈을 이용해서 자신의 이익을 취하는 것을 삼가도록 가르친 것이다. 그러나 오늘날과 같은 디지털 네트워크 시대에는 꾀라고 하는 영특한 재치와 영악스러울 정도의 임기응변 능력이 없이는 판판이 당하고 뒤질 때가 많다. 아무리 우리가 전통적인 아날로그 방식으로 여유로운 생활을 영위하고 싶다고 해도, 우리 앞에 닥쳐오는 수많은 정보와 사건과 사람들을 다루기 위해서는 부득이 꾀 많은 사람이 될 수밖에 없다.

꾀라는 것은 결코 남을 해롭게 하는 것이 아니다. 일부러 남을 골탕먹이려는 악아빠진 잔꾀와는 달리 꾀는 자신을 보호하고, 슬기롭고 재미있게 자신을 돋보이게 하고, 위기를 모면하는 기민성과 스마트한 지력 등 긍정적인 쓰임으로 활용된다. 그러니 꾀는 현대를 살아가는데 필수불가결한 또 하나의 지적자산이며 지혜라고 할 수 있다.

하늘의 제왕으로 불리는 독수리는 수직으로 부는 상승기류를 활용해 날개를 활짝 펴고 하늘로 올라간다. 다른 새들이 수평으로 부는 바람에 힘들게 날개를 펄럭이며 날아갈 때 독수리는 그저 수직으로 부는 바람에 자신의 몸을 맡기는 것만으로도 훨씬 더 편하게 더 높은 하늘을 활공하며 날아오른다. 이렇듯 꾀는 자신이 처한 현재 상황에서 최선의 결과를 끌어내는 지혜로운 생각과 행동이다.

다섯째, '꼴'이다. 꼴은 단순히 외모만을 뜻하지 않는다. 외모를 비롯해 말투, 표정, 몸짓 등 외적으로 풍기는 이미지의 총체, 즉 태도가 꼴이다. 아무리 뛰어난 재능과 지식, 실천력을 가지고 있다고 해도 태도가 불량하거나 원만치 못하면 거부감이 들기 마련이다. 꼭 필요한 경우가 아니라면 가까이하지 않으려는 경향이 강하다.

사회생활에서 드러나는 태도는 인간관계의 중요한 척도가 된다. 태도는 단순히 외적인 영역에 머무르지 않는다. 태도를 통해 그의 내면까지 들여다볼 수 있다. 거칠고 경박하고 불량한 태도에서 나를 존중하지 않는 마음이 느껴지고, 예의 바르고 친절하고 배려심 깊은 태도에서 나를 위하는 마음이 느껴진다.

좋은 태도는 예의와 성실성, 온유한 마음을 유발하는 처세술의 기초가 되며, 상대의 마음을 움직이는 강한 기운으로 작용한다. 모든 인간관계는 상대적이다. "웃는 얼굴에 침 못 뱉는다.", "말 한마디로 천 냥 빚을 갚는다."와 같은 옛말처럼 공손하고 성실하며 진심이 어린 태도는 얼어붙은 마음도 녹이고 닫혔던 마음도 열 수 있다.

여섯째, '끈'이다. 끈은 이것과 저것을 연결하고 이어주는 역할을 한다. 사람과 사람의 관계도 '끈' 없으면 연결되고 이어질 수 없다. 인간의 관계구조의 요체가 바로 끈, 다시 말해 '네트워크'이다. 그런데 과거에 '끈'은 출세와 이익을 위한 도구로 주로 활용되었다. 혈연, 학연, 지연 등을 끌어대며 부와 권력을 가진 사람과 나를 연결하여 어떻게든 그 끈을 타고 득을 보려고 한 것이다.

공정함과 투명함이 중요해진 현대에는 '끈'은 주로 정보를 얻고 생각을 나누는 유용한 창구로 활용된다. 그래서 온갖 연줄을 끌어 붙여 "우리가 남이냐?"라고 말하는 대신 전문 분야나 관심사, 신념 등이 유사한 사람들과 정보를 교환하고 연대하며 '나'를 만들어간다. 혈연, 지연, 학연이 힘을 잃은 대신 지구 반대편의 전혀 다른 성별과 나이의 사람과도 적극적으로 소통하고 공감하며 정보를 나누고 도움을 주고받는 것이다.

꿈을 이루고 성공을 위해 끈, 즉 네트워크는 필수적이다. 그들의 힘에 기대 나를 끌어올리려는 얄팍한 술수가 아닌 꿈과 성공을 향해 나아가는 길에 유용한 정보를 얻고 이를 통해 기회를 창출할 수 있다. 또 고난과 역경으로 지치고 힘든 순간에도 끈을 통해 소통하고 마음을 나누며 다시 힘을 낼 수 있다. 그리고 무엇보다 나 혼자의 꿈이 아닌 모두가 함께 소망하는 위대한 꿈의 성취를 위해서도 서로 마음을 나누고 돕는 '끈'은 무척 필요하고 중요하다.

일곱째, '꾼'이다. 현대사회에서 꾼은 전문가를 의미한다. 자기 분야를 성취하는 데 있어 무엇보다 전문가적 소양과 조건을 갖추고, 선택과 집중을 통해 한 치의 오차도 없이 정확하고 신속하게 주어진 일을 해치우는 능력을 갖춰야 한다.

앞서 설명한 '끼'와 '꾀'처럼 그동안 우리 사회에서 '꾼'이란 말 또한 그다지 좋은 의미로는 쓰이지 않았다. 술꾼, 바람꾼, 노름꾼, 사기꾼, 삯꾼과 같은 말에서도 알 수 있듯이 '꾼'은 대부분 부정적인 의미와 연결돼 있었다. 그러나 전문가적 자질을 중요하게 생각하는 현대에는 '꾼'에서 긍정적인 의미를 더 크게 살펴야 한다. 특히 남이 보든 안 보든 자신의 일을 성실하고 완벽하게 처리하는 선한 일꾼으로서의 '꾼'은 분야를 막론하고 어디서든 가장 필요한 인물이다.

얼마 전 신문에서 '조연출이 코끼리를 냉장고에 넣는 방법'이라는 제목의 칼럼을 읽은 적이 있다. 그간 코끼리를 냉장고에 넣는 방법이라며 '냉장고 문을 열고, 코끼리를 넣고, 냉장고 문을 닫는다'라는 싱거운 유머가 떠돌았다. 그런데 이 칼럼의 필자는 방송국에선 코끼리를 냉장고에 넣는 더 간단한 방법이 있는데, 바로 '조연출에게 시키는 것'이라고 했다. 그럴듯한 말처럼 들렸으나 한편으론 의문이 들기도 했다. 과연 조연출은 코끼리를 어떻게 냉장고에 넣는 것일까? 내가 찾은 답은 '꾼'의 열정이다. 냉장고에 들어갈 만한 코끼리를 찾아오든, 코끼리가 들어갈 만한 초대형 냉장고를 주문 제작하든, 어떻게든 방법을 찾아서 무조건 해내는 '꾼'의 열정이 조연출을 마침내 최고의 베테랑 PD로 만들어주는 비법일 것이다.

'끝'이 좋아야 모든 것이 다 좋아진다

앞서 살펴본 바와 같이 '성공하는 현대인들의 7가지 특질'인 꿈, 깡, 끼, 꾀, 꼴, 끈, 꾼은 모두 쌍기역으로 된 외자 낱말들이다. 이 퀴즈를 알고 나서 나는 우리 한글이 가지는 깊은 의미에 감탄했다. 낱말 하나하나의 뜻풀이가 참으로 귀하다는 것을 새삼 느꼈다. 그런데 내가 깊은 묵상 끝에 발견한 두 가지 새로운 내용이 있다.

첫째, 대부분의 사람들이 이 퀴즈를 풀 때 낱말들의 순서를 별로 의식하지 않고 되는대로 알아맞힌다는 것이다. 그런데 그 낱말들의 순서도 무척 의미 있고 중요하다. 우리가 꿈을 이루고 성공을 성취하기 위해서는 무엇보다 '꿈'을 가져야 한다. 도달해야 할 목표가 분명해야 그것을 이룰 동력이 솟아나기 때문이다.

꿈을 이루고 그것을 향해 걸음을 떼기 위해서는 '깡'으로부터 나오는 열정과 용기가 필요하다. 그리고 나만의 재능으로서의 '끼'와 영특한 '꾀'도 긴요하다. 또한 이들을 아우르는 성실한 태도, 즉 '꼴' 또한 무척이나 중요하다. 더불어 꿈을 이루는 데 필요한 정보와 기회를 찾고 공감과 소통을 통해 좋은 기운을 주고받을 수 있는 '끈'도 더없이 중요하다. 그리고 '꾼'이 되어 전문가로서의 역량을 발휘할 수 있을 때 비로소 우리가 꿈꾸어왔던 '꿈'을 성공적으로 실현해 낼 수 있다.

둘째, 성공하는 현대인들의 7가지 특질이 모두 이 시대에 합당한 필요조건이 된다고 하더라도 과연 이것들이 충분한 조건이 되는가 하는 것이다. 그때 섬광처럼 또 하나의 새로운 쌍기역 외자 낱말이 떠올랐다. 끝으로 이 외자 낱말 하나만 더 첨가하면, 그야말로 성공하는 현대인들의 7가지 특질을 완벽하게 정립할 수 있는 그런 단어이다. 여덟 번째 외자 낱말, 그것은 과연 무엇일까? 그것은 다름 아닌 '끝'이다.

화룡점정畵龍點睛, 즉 용을 그릴 때 마지막으로 가장 중요한 눈동자를 그림으로써 작품을 잘 마무리한다는 말처럼 우리 삶에서 가장 중요한 것은 일을 마무리하는 '끝'이 아닌가 한다. 어떤 주어진 일이 여태껏 잘 진행되어 왔다고 하더라도 만약 끝에 가서 그것이 뒤틀리고 어긋난다면 어떻게 그 일을 온전히 완성했다 할 수 있겠는가. 한마디로 끝이 좋아야 모든 것이 다 완전해진다.

성공한 삶을 살기 위해선 분명한 목적의식을 가지고 꿈과 목표를 설정해야 한다. 그리고 그것에 이르는 과정에서 나와 함께하는 많은 이들과의 관계를 소중히 여기고 서로의 성공과 발전을 도우며 선한 영향력을 펼쳐야 한다. 또 무엇보다 끝이 좋아야 한다. 인생의 과정을 아무리 뜻한 바대로 잘 살고 성취해 왔다고 하더라도 마지막에 아쉬움과 후회가 남는다면 성공한 삶이라 할 수 없다. 그러니 끝까지 최선을 다하고 후회 없는 삶이 될 수 있도록 노력해야 하며, 삶의 걸음걸음마다 마지막 순간에 후회하지 않을 최선의 선택과 노력을 해야 한다.

꿈을 이루고 성공하는 것도 결국엔 끝에 와서야 온전한 평가를 받을 수 있듯이 우리의 일생도 진정 행복했노라고 고개 끄덕이려면 과정에서의 힘겨움을 잊게 한 만큼 마무리가 아름다워야 한다. 행복한 가정을 이루고 이웃과 정을 나누며 공동체의 구성원으로서 제 역할을 잘했는지, 나와 연결된 많은 사람에게 긍정적이고 선한 에너지를 전했는지, 삶의 목적한 바를 이루며 소명을 잘 완수했는지 등 이 땅에서의 마무리가 아름다울 때 비로소 진정 성공한 삶이고, 가치 있는 삶이라 할 수 있다.

공동묘지에 피어난 기적

―――――
―――――
―――――
―――――
―――――

　4,000년 동안 단 한 방울의 비도 내리지 않은 사막이 꽃밭으로 변하는 기적과도 같은 일이 벌어졌다. 칠레의 안데스산맥 서쪽에 있는 아타카마 사막은 지구에서 가장 건조한 곳이다. 연평균 강수량이 15㎜ 정도가 전부인 데다 일부 지역은 무려 4,000년 동안이나 비가 내리지 않은 곳도 있어서 선인장은커녕 미생물조차 살기 힘들다고 한다. 이러한 아타카마 사막에 상상 속에서나 있을 법한 일이 벌어졌다.

　2015년 3월, 아타카마 사막에 엘니뇨 현상으로 인한 기상이변으로 한바탕 비가 쏟아졌다. 하루에만 연평균 강수량을 훨씬 웃도는 23㎜의 비가 내린 지역도 있었을 정도였다. 생명이 살기 힘들다고 판단되던 거칠고 메마른 아타카마 사막에 생명수와도 같은 비가 찾아온 뒤 전혀 예상치 못했던 놀라운 일이 벌어졌다. 여기저기서 초록의 싹이 돋고, 그 싹이 힘차게 줄기를 뻗어 마침내 꽃망울을 터뜨리며 아름다운 꽃을 피운 것이다.

　물론 이후로 비가 내리지 않는 날들이 이어졌고, 그곳은 다시 꽃이 사라진 황량한 사막으로 되돌아갔다. 그럼에도 모두가 생명을 포기한 거칠

고 척박한 사막조차 언제든 생명이 다시 찾아올 수 있다는 희망을 품게
한 놀라운 경험이었다.

죽음의 땅이 생명과 희망의 땅으로

죽음의 땅이 생명의 땅으로 바뀌는 기적과도 같은 일이 어디 자연에
만 있을까. 우리 삶에도 절망 속에서 희망이 피어나는 기적과도 같은 감
사한 일은 얼마든지 있다. 배움도 짧고 가난하고 몸까지 허약했던 이가
내로라하는 기업의 대표가 되기도 하고, 팔과 다리가 없이 태어나 세 번
이나 자살을 시도했을 정도로 절망감에 살던 이가 베스트셀러 작가가 되
고 희망을 전하는 강연가가 되기도 한다. 어디 그뿐일까. 자신의 의지로
움직일 수 있는 것이 손가락 두 개와 얼굴 한쪽의 근육이 전부인 이가 세
계적인 물리학자이자 대학교수가 되기도 한다.

이렇듯 자연이 보여주는 기적과는 달리 인간은 자신의 의지와 노력과
열정으로 스스로 기적을 만들어내니 더 대단하고 감탄스럽다. 이웃과 함
께하는 참된 삶의 기쁨을 알게 된 후로 나 또한 더 많은 곳에서 더 큰 기
적을 만들어내기 위해 노력한다. 김진경 총장과 뜻을 함께하며 연변과기
대와 평양과기대의 설립과 운영을 돕고, 그곳의 젊은 청년들이 글로벌
인재로 거듭날 수 있도록 힘을 보태는 것 또한 내 인생 최고의 기적 중

하나이다.

1990년 김진경 총장과의 첫 만남으로 나는 이웃과 나누는 삶의 가치에 대해 더 깊게 깨닫게 되었다. 그리고 이러한 깨달음은 곧바로 실천으로 이어졌다. 지난 30여 년 동안 국내외에서의 다양한 봉사 활동에 참여하는 것은 물론이고 기독실업인으로서 교육 사역에 동참함으로써 청년들의 꿈과 성공을 돕고 있다. 교육을 통해 청년들의 가슴에서 꿈을 끌어올리고 꿈의 성취를 돕는 일은 물질적인 것을 나누는 이상의 큰 감사와 보람으로 내 삶을 이끌고 있다.

1992년 9월 16일에 중국 최초의 중외中外 합작대학인 연변조선족기술전문대학이 문을 열었다. 출범 당시는 2년제 전문대학이었으나 이듬해 4년제로 승격하면서 교명이 '연변과학기술대학YUST'으로 바뀌었다.

연변과기대는 중국 지린성 연변조선족자치주의 주도 연길시에 건립되었다. 연변조선족자치주는 일제강점기에 조국을 떠난 우국지사들이 룽징을 중심으로 만주 서간도, 연해주 지역까지 벌이던 독립투쟁의 결과로 생긴 곳이다. 이런 역사적인 장소에 한국과 중국이 수교한 다음 달 개교 행사가 열렸으니 상징성이 남달랐다. 해외에서 중국에 대학교를 설립한 첫 사례라는 점에서도 큰 관심을 끌었다.

연변과기대 설립의 배경을 두고 흔히들 '기적의 동산'이라고 말한다. 그도 그럴 것이, 연길시 북산가의 20만 평66만1,157㎡에 이르는 캠퍼스 부지는 원래 연변지역의 조선족들을 위해 조성된 공동묘지가 있던 자리이다. 마오쩌둥 정부가 장례 제도를 화장제로 바꾸면서 폐허가 된 공동묘지를 김진경 총장이 매입하여 지식과 지혜를 창조하는 대학을 설립했다. 공동 묘지 터를 헐고 대학을 세운 깃도 무척 상징적인 데다, 대학 설립에 필요한 모든 재원을 한국 및 미국 기독교인들의 헌금으로 충당한 것 또한 의미 있는 일이었다.

약 20만 평 가까운 부지에 30여 개의 건물이 들어서 있는데, 건물 하나하나가 모두 의미가 크지만, 특히 간호대학이 있는 빨간 지붕의 5층 건물은 무척이나 의미가 깊다. 1960년 후반부터 1970년 후반까지 실업 위기의 극복과 외화획득을 위해 정부는 해외로 인력을 수출했고, 그 대표적인 것이 독일로의 광부, 간호사 파견이었다. 이때 독일로 파견되었던 간호사들이 미국과 캐나다로 이주해 가서 살면서 세계간호사선교협의회를 구성했는데, 그들이 연변과기대 소식을 듣고 세계 각지에서 미역, 다시마, 멸치 등을 팔아서 100만 불을 모금해주었다. 그 소중한 헌금으로 5층짜리 건물을 짓고 4년제 간호대학을 세웠으며, 그 결과 현재 중국 최고의 간호대학이 되었다.

어디 그뿐이겠는가. 교정에는 백두산 부근에서 옮겨 심은 수백 그루의 소나무가 한민족 대학으로서의 정신을 상징하고 있다. 게다가 학교 안에는 화장터로 쓰이던 건물이 있었는데 이를 중국 정부로부터 정식으로 허가를 받아 교회로 개조했고, 이후 500명 이상을 수용하는 중국 유일의 캠퍼스 교회가 되었다. 삶이 죽음으로 바뀌는 마지막 의식을 하던 화장터가 매주 새로움을 구하고 찾는 캠퍼스 내 교회가 되니 너무나 감격스러웠다. 나는 캠퍼스 언덕을 올라갈 때마다 성경에 나오는 엘리사 선지

자를 생각한다. '물 근원'으로 올라가 소금을 뿌려 쓴 물을 단물로 바꾼 엘리사의 기적처럼 연변과기대는 죽음의 땅이 믿음과 생명의 땅으로 변화한 역사라고 말할 수 있다.

9개 학부에 12학과를 두고 있는 연변과기대는 그동안 학부와 부속 과정을 포함한 졸업생 2만 2,000여 명을 배출했다. 학생들은 조선족 80%, 한족 17%, 고려인과 소수민족 3%로 구성돼 있다. 우수한 실력의 교수들에게서 성실하게 교육받은 덕분에 연변과기대는 베이징대, 칭화대, 인민대처럼 중국 100대 중점 대학 중 하나여서 신입생 1차 선발대학에 지정돼 있을 정도로 실력을 인정받는 학교가 되었다.

연변과기대 졸업생들은 한국어, 중국어, 영어의 3개 국어에 능통하다. 컴퓨터를 잘 다루고 세계 각국에서 온 우수한 실력의 교수들에게 배우다 보니 국제 감각도 뛰어났다. 덕분에 졸업생들의 취업률은 100%에 이르는데, 중국의 명문대인 베이징대, 칭화대 졸업생의 취업률이 60~70%인 데 비하면 엄청난 성과이다.

연변과기대는 국내외 기독교계의 후원으로 운영하다 보니 재정 문제로 대학원을 설립하지 못했다. 대신 학부를 졸업하면 해외 유학을 보내는 전략을 세웠고, 그 성과도 컸다. 현재 100여 개의 주요 해외 단체와 국제협력 교류를 하고 있으며, 졸업생 중 20% 정도는 해외 유명 대학의 대학원에 진학해 배움의 깊이를 더하고 있다.

연변과기대가 이렇게까지 급성장한 데는 무보수 자원봉사로 기꺼이 참여한 교수들의 공로가 크다. 한국은 물론이고 미국, 뉴질랜드, 호주, 영국, 캐나다, 독일 등의 세계 여러 나라의 우수한 실력의 교수 250여 명이 멀리 중국까지 와서 그곳의 학생들을 가르친다. 가족과 함께 멀리 타국으로 생활의 터전까지 옮겨와 봉사하고 헌신하며, 지식과 지혜로 새로운 창조적 혁신을 이끄는 그들의 모습은 마치 척박한 땅에 우직하게 씨앗을 뿌리는 농부와도 같았다.

총장을 포함한 교수들은 학교 안에 있는 교내 아파트에서 가족과 함께 생활한다. 그리고 튜터시스템Tutor System이라 하여 한 명의 교수가 5명의 학생을 부모와 자식의 관계로 보살핀다. 4년이면 교수 한 명이 20명의 학생과 남다른 인연을 맺고 그들의 성장을 돕게 된다. 덕분에 학업적인 부분은 물론이고 사적인 부분에서 겪는 문제나 어려움도 스스럼없이 상담하며 도움을 주고받는다.

나는 연변과기대의 건립과 학사 운영에 참여하고, 이후 대외협력 담당 부총장을 역임하며 학생들이 불편함 없이 학업에 매진할 수 있도록 최선을 다해 도왔다. 그리고 학교에서의 배움이 사회에서 소중한 쓰임이 되고, 청년들이 세계를 무대로 자신의 꿈을 마음껏 펼쳐 나갈 수 있도록 작으나마 힘을 보탰다.

교육을 통해 중국 내 소수민족의 자립을 돕고 청년들을 글로벌 인재로 키우겠다는 김진경 총장의 큰 뜻과 아무런 대가 없이 먼 타국으로 건너와 학생들을 진심으로 돌보고 가르친 많은 외국인 교수들의 헌신은 공동묘지라는 죽음의 땅을 마침내 생명과 희망의 땅으로 바꾸어 놓았다.

그들의 땀과 눈물이 이루어낸 성과는 기적이란 말 외엔 설명할 길이 없는, 너무나 큰 감사이고 감동이다. 그들이 함께 이루어낸 놀라운 기적에 미약하나마 한 방울의 땀을 보탤 수 있었던 것 또한 내 삶의 감사한 기적이 아닐 수 없다.

17년의 염원이 세운 학교

김진경 총장과 나는 연변과기대 다음 단계로 북한에 과학기술대학을 세우는 것을 계획했다. 우리는 교육을 통해 한반도 통일시대의 차세대 인재들을 양성하고, 나아가 한반도가 동북아의 중심국가가 되는 큰 그림을 그리고 있었다. 그리고 이를 실현하기 위한 중요한 과제로, 과학기술 및 경영 분야의 교육을 통해 북한의 국제화 및 경제 자립을 이끌 최고의 과학기술대학 설립을 구상했다.

연변과기대를 개교한 그다음 해인 1993년 가을에 마침내 기회가 왔다. 김영삼 대통령과 김일성 주석 간 남북정상회담을 준비하고 있던 기획단계에서 교육부문 교류협력의 어젠다로 연변과기대 측에서 제안한 나진과학기술대학 설립안이 채택될 가능성이 커졌다. 우리는 현지답사를 거쳐 대학의 부지를 나진항 북쪽 산지로 정하고 기본계획안을 수립했다.

1994년 봄에 대학이 설립될 부지가 확정되고, 6월 말경 현대중공업

정몽준 회장의 지원으로 도쟈, 포크레인, 덤프, 크레인 등 10대에 가까운 건설장비가 나진항에 두착했다. 그런데 그해 7월에 대학을 건립할 땅을 고르는 정지공사에 돌입하려는데 김일성 주석이 갑자기 사망했다. 북한에서는 삼년상을 치르느라 모든 대외 관계를 중단했고, '나진과학기술대학'의 설립도 큰 타격을 맞게 되었다.

이후 7년여 동안 여러 우여곡절을 겪으며 북한에서의 과학기술대학 건립은 영영 무산될 위기에 처하기까지 했다. 그런데 2001년 1월에 기적적으로 일이 다시 실현될 희망이 보이기 시작했다. 중국을 공식 방문했던 김정일 국방위원장이 상해 푸둥 지역을 탐방한 후 북한의 경제 발전을 이끌 국제화 인력 양성을 위해 김진경 총장에게 "평양에 연변과학기술대학과 같은 국제대학을 세워달라."고 부탁한 것이다.

우리는 발 빠르게 마스터플랜을 세웠다. 김진경 총장은 통일부에 가서 남북교류협력사업 승인을 신청했고, 나는 당시 카이스트 원장이었던 최덕인 교수를 만나 도움을 요청했다. 카이스트의 커리큘럼을 바탕으로 학사 및 석·박사 과정을 만들고 새로운 산업을 일으키는 데 필요한 지식산업복합체로 육성할 방침이었다.

마침내 2001년 5월에 북한 교육성과 동북아교육문화협력재단은 평양과기대 설립에 관한 계약을 체결했다. 6월에는 우리 통일부에서 사업 승인과 사업자 승인을 받았다. 1993년에 그려두었던 큰 그림이 온갖 시련을 지나오며 비로소 2001년에 구체적인 형체를 만들기 시작한 것이다.

2001년에 설립 승인을 받은 평양과기대는 이후에도 여러 장애와 부딪

혀야 했고, 결국 8년 뒤인 2009년 9월에 건물 17동을 지어 1단계 준공식 및 개교행사를 하게 되었다. 그리고 이듬해인 2010년 10월에 학부 100명, 대학원 60명의 첫 입학생들을 받았다. 대학의 설립을 구상했던 1993년 이후로 17년의 세월이 흐른 뒤에야 비로소 힘차게 교문을 연 것이다. 이렇듯 17년에 걸친 오랜 염원으로 탄생한 평양과기대는 2020년까지 778명의 졸업생을 배출했고, 2021년 현재 663명의 재학생이 있다.

온갖 시련과 역경 위에 세워진 평양과기대의 설립 역사는 4,000년 동안이나 비가 내리지 않던 사막이 일순간 꽃밭으로 변한 것만큼이나 놀라운 일이다. 나는 이것이 단순히 북한 정부 최고지도자의 인간적 배려와 호기 또는 국가사업의 필요성 때문에 성사된 일이라고 생각하지 않는다. 한반도 통일시대를 위한 차세대 인재 양성과 한반도가 동북아의 중심국가가 될 수 있다는 큰 목적, 그리고 그것을 이루려는 굳건한 사명감이 이루어낸 '기적'의 역사라고 믿어진다.

이러한 희생과 헌신의 정신을 바탕으로 건립된 학교이니만큼 평양과기대는 세계 여러 나라에서 우수한 실력의 교수들이 자원하여 봉사하고 있다. 이곳에서 학생들은 새로운 시대의 변화와 국제화의 흐름, 신지식과 창업의 능력을 함양하고, 머지않아 맞게 될 통일된 한반도에서 한국의 청년들과 어깨를 나란히 하며 세계의 주역이 될 준비를 하고 있다.

두 개의 산을 함께 오르는 삶

———
———
———
———
———

지난 30여 년의 세월 동안 가장 많이 만난 연령층을 꼽으라면 단연 청년들이다. 나는 김진경 총장과 함께한 연변과기대 사역을 시작으로 30년이 넘는 긴 세월을 청년들의 학업적 성취와 진로 상담 및 취업을 돕고 지원했다. 그 과정에서 청년들과 소소한 일상의 이야기를 나누며 친구가 되려 노력했고, 고민과 어려움을 함께 나누며 최대한 실질적인 도움을 주려 노력했다. 그 덕분인지 청년들은 나를 단순히 나이 많은 윗사람이 아닌 마음이 통하는 친구이자 멘토로 생각해주는 듯하다.

청년들은 꿈과 목표를 이루는 과정에서의 고민과 어려움을 토로하기도 하지만 더러는 "삶이란 무엇인가?"와 같은 인생의 본질적인 답을 얻고자 나를 찾기도 한다. 인생가도를 달리기 전에 우선 어디로 가야 할지 삶의 큰 방향을 정하고 싶을 때, 열심히 달리던 그 길에서 생각지도 못한 역경과 만났을 때, 목표로 하던 것을 성취했으나 알 수 없는 허무함을 느낄 때 등 삶에 대한 성찰이 필요한 순간에 인생 선배인 내게 길을 묻는 것이다.

그들보다 먼저 그 길을 걸어왔기에, 더 오래 걸어왔다는 것 말고는 특별할 것 없는 인생이지만 나는 최선을 다해 나의 이야기를 들려준다. 10대와 20대를 지나오며 길고도 거친 방황의 시기를 보냈던 이야기, 가장으로서의 책임감이 최대 동력이 되어 사업에 더 열중할 수 있었던 이야기, 세속적인 성공과 성취에 매몰돼 자칫 길을 잃을 뻔했을 때 김진경 총장을 만나 새로운 삶과 성공에 눈을 뜬 이야기, 그리고 더 큰 사랑과 나눔을 실천하는 삶을 통해 얻은 감사함과 행복감도 들려준다. 나의 이야기가 미약하게나마 빛이 되어 그들이 삶의 진정한 가치와 행로를 찾아나설 수 있기를 바라는 마음에서다.

삶이 기쁨으로 충만하기를

"삶이란 무엇인가?"에 대한 성찰을 구하는 것은 비단 청년들만이 아니다. 삶의 완성을 맛보아야 할 노년의 시기에도 여전히 "어떤 삶이 과연 행복과 기쁨을 줄 수 있을까? 나는 정말 진정한 삶의 기쁨을 맛보고 있는가?"와 같은, 삶의 본질을 물으며 답을 구하려 애쓴다.

삶은 생명을 가진 인간 모두에게 공정하게 주어진 생의 시간이지만 그 시간을 어떻게 채우느냐에 따라 깊은 후회가 남기도 하고 기쁨과 행복감으로 충만하기도 하다. 그러니 기쁨과 행복감을 얻기 위해 어떤 삶을 살아야 하는가에 대한 고민과 성찰은 이르면 이를수록 좋다. 그래야 유한한 생의 시간을 더 보람되고 가치 있게 살 수 있고, 삶의 진정한 기쁨과 행복감도 더 오랫동안 맛볼 수 있다.

지난 2020년에 읽은 데이비드 브룩스의 신간 《두 번째 산》은 "삶이란 무엇인가?"에 대한 깊은 성찰을 이끌어 주었다. 저명한 칼럼니스트인 데이비드 브룩스는 쓰는 책마다 해외 언론의 격찬을 받았는데, 이 저서를 두고 빌 게이츠는 "난 브룩스를 통해 삶의 균형을 찾았다."라고 격찬했다고 한다. 나 역시 그의 글에 무척 감동하며 읽는 내도록 고개를 끄덕였다.

저자는 인생이란 두 개의 산을 오르는 일과 같다고 말한다. 그는 "첫 번째 산이 무언가를 획득하는 것이라면 두 번째 산은 무언가를 남에게 주는 것이다. 첫 번째 산이 계층 상승의 엘리트적인 것이라면 두 번째 산은 무언가 부족한 사람들 사이에 자기 자신을 단단히 뿌리내리고 그들과 손잡고 나란히 걷는 평등주의적인 것이다."라고 말한다.

600페이지에 이르는 제법 두꺼운 책을 완독한 후 내가 가진 첫 느낌은, "나는 과연 두 번째 산을 오르고 있는가?"라는 자문이었다. 이 말은 "무엇을 인생이라 부를 수 있는가? 왜 우리는 여기에 있는가?"라는 질문과도 연결된다. 이 질문에 대한 답을 얻기 위해 오랜만에 나 자신을 진지하게 성찰하는 시간을 가져보았다.

저자는 꿈과 목표를 이루고 성공을 성취하며, 행복한 가정을 꾸리는 등 자신의 행복에 집중한 삶을 '첫 번째 산'이라고 말한다. 대부분이 이 첫 번째 산을 정복하는 것을 목표로 하고, 그것을 이루었을 때 성공한 삶이라고 생각한다. 그런데 정말 그것만으로 충분할까? 저자는 첫 번째 산에서 얻을 수 있는 행복감에는 분명한 한계가 있다고 말한다. 모두가 부러워할 만한 큰 부를 가진 사람도, 자신의 분야에서 최고의 성공을 거두고 엄청난 명예를 얻은 사람도 결코 그것만으론 충분한 기쁨과 행복감을 느낄 수 없다는 것이다.

'첫 번째 산'을 오르는 삶을 폄훼할 수는 없으나 그것이 주는 기쁨과 행복감은 제한적이다. 실제로 첫 번째 산을 정복한 사람들은 "이게 과연 내가 바라던 전부인가?"라며 왠지 모를 허무함을 느낀다고 한다. 나 또한 세속적인 성공을 향해 달려가던 시절에는 늘 무언가에 목말라 있었다. 더 잘하기 위해 더 많은 것을 얻기 위해 누구보다 열심히 일하고 그만큼의 성과도 거두었다. 그런데 성취의 크기와 비례해서 행복감이 함께 커지는 것은 아니었다.

그렇다면 삶의 더 큰 행복감과 기쁨을 누리려면 어떻게 살아야 할까? 나 자신의 성취와 성공 외에 또 무엇을 더 채워야 허무함이 느껴지지 않는, 벅찬 만족감과 행복감을 느낄 수 있을까? 데이비드 브룩스는 어렵고 힘든 사람들에게 자신의 것을 나누며, 그들과 손잡고 나란히 걷고 함께 뿌리내리는 '두 번째 산'을 오른다면 이 모든 것이 채워질 수 있다고 말한다.

데이비드 브룩스는 '두 번째 산'을 오르는 삶은 개인주의를 넘어 공동체를 섬기며 자신의 초자아적인 '내면의 소리'에 귀 기울이는 삶이라고 소개한다. 주변인과 사회와의 유대를 존중하되 그 목표가 개인적인 이권이나 유익을 구하는 차원이 아니라, 인생을 대대로 이어가야 할 세대 간의 '위대한 사슬'로 가꾸어야 한다는 것이다. 그렇기에 소명으로서의 직업과 '희망을 위한 혁명'으로서의 결혼을 중요시하는 합목적적인 인생을 살아야 한다고 강조한다.

다른 말로 표현하면, 인생의 '첫 번째 산'은 자아^{ego}를 세우고 자기^{self}를 규정하는 공간인 데 비해 '두 번째 산'은 자아를 버리고 자기를 내려놓는 곳이며, 정복하고 획득하는 장소가 아니라 헌신하고 희생함으로써 얻는 공동체로서의 '기쁨'을 최고선^{最高善}으로 삼는 전인적^{whole}인 인격의 공간이란 것이다.

간혹 주위에서 겸허한 식견과 아량을 가지고 자신을 희생하면서까지 세상을 위해, 남을 위해 살아가는 '남다른 영혼'을 만날 때가 있다. 이들이 바로 두 번째 산을 오르는 사람일 것이다. 나 또한 김진경 총장을 통해 두 번째 산을 오르는 삶의 벅찬 감동과 행복감을 깨닫게 되었고, 미약하게나마 실천으로 따르며 두 번째 산을 오르는 삶의 행복감을 조금씩 알아가고 있다.

'나'의 삶은 '우리'의 삶과 연결된다

나의 인생은 김진경 총장을 만나기 이전과 이후로 나뉜다고 해도 과언이 아니다. 첫 번째 산을 넘는 것에만 집중했던 내가 두 번째 산의 존재를 알게 되고, 이전까지는 알지 못했던 전혀 새로운 삶을 살게 된 것이다. 연변과기대와 평양과기대, 동북아공동체 사역 등을 수행하면서 세계 곳곳에 있는 선한 이웃들과 함께 세상의 어둡고 낮은 곳으로 향했다. 나의 것을 열어 타인과 나누면서 헌신하는 이타적인 삶을 통해 얻는 행복감과 기쁨은 나 자신의 이익을 위해 살아온 이전의 삶에서는 결코 얻을 수 없는 충만함 그 자체였다.

물론 그렇다고 하여 이전의 삶이 무의미하다거나 가치가 낮다는 것은 결코 아니다. 가장의 책임과 헌신, 기업가로서 비즈니스를 성공적으로 이끄는 열정과 의지 등 '나'의 성취를 위한 삶도 중요하다. 그러나 결코 그것이 삶의 전부가 되어서는 안 된다. '나'의 삶은 '우리'의 삶과 결코 무관할 수 없다. 그러니 나 홀로 더 많이 가지고 더 높이 오르기 위해 아등바등할 것이 아니라 도움이 필요한 이웃을 따뜻한 마음으로 살피는 노력도 필요하다.

N포 세대라는 말이 나올 정도로 많은 것을 포기해야 할 청년들에게 이타적인 삶은 사치처럼 들릴 수도 있다. 그런데 경주마처럼 시야를 제한한 채 목표만 보고 달린다고 해서 바라던 것을 얻을 수 있을까? 그렇게 해서 무엇인가를 얻는다고 한들 과연 기쁨과 행복감을 느낄 수 있을까? '나'만을 위해 사는 삶이 채워줄 수 있는 것은 그리 많지 않다. 전력 질주하여 목표에 도달해도 어쩌면 얻는 것보다 잃는 것이 더 많을지도 모른다.

나의 목표나 꿈, 성공은 개인의 영역처럼 보이지만 그것을 이루는 과정에서 결국 직·간접적으로 타인과 연결되고 관계하게 된다. 타인의 도움으로 한 걸음 더 나아가는 경험도 하게 되고, 나 또한 타인에게 그런 존재가 되어 그들의 성장과 발전을 돕기도 한다. 그러니 나의 성취와 성공을 위해 달리는 삶 속에서도 늘 따뜻한 시선으로 주위를 살피며 타인과 함께 성장하고 발전할 수 있는 길을 선택해야 한다.

데이비드 브룩스는 그의 저서에서 "두 번째 산은 첫 번째 산의 반대가 아니다. 두 번째 산에 오르는 것은 첫 번째 산에 오르는 것에 이어지는 또 하나의 여정이다."라고 했다. 즉, 첫 번째 산과 두 번째 산은 둘 중 하나를 선택하는 것이 아니라 둘이 함께 이어져서 하나의 삶을 완성한다고 보면 된다.

그런데 여기에 내 생각을 조금 덧붙이자면, '나'를 위해 사는 삶의 과정에서도 충분히 '우리'를 위한 삶을 살 수 있다는 것이다. 즉, 첫 번째 산을 넘은 후에 두 번째 산을 넘을 것이 아니라 나의 꿈과 목표를 이루는 과정에서 이웃과 환경, 후대까지 생각하는 착한 성공, 지속가능한 발전을 추구하며, 작은 것이라도 이웃과 나누고 돕는다면 두 개의 산을 함께 넘을 수 있지 않을까 한다.

나 개인의 성취와 만족도 분명 내 삶에 중요한 부분이기에 최선을 다해 노력하되 그 과정에서 타인에 대한 배려와 공존의 가치를 중요하게 생각해야 한다. 또 그렇게 얻은 결실을 홀로 독식하는 것이 아니라 이웃과 나누고 베풀며 모두가 함께 행복한 삶을 살아간다면 두 개의 산을 함께 넘어가는, 진정 만족스럽고 보람된 삶이 되지 않겠는가.

소명으로 완성하는 삶

"눈길을 걸어갈 때 어지럽게 걷지 말기를. 오늘 내가 걸어간 길이 훗 날 다른 사람의 이정표가 되리니."

백범 김구 선생의 이 말은 나 한 사람의 삶이 결코 나 혼자만의 것이 아님을 의미한다. 인생이라는 긴 여정에서 내가 오늘 나아간 그 걸음이 뒤이어 올 이들에겐 길이 될 수 있다. 그러니 모든 걸음에 진심을 담고 올바르게 나아가며, 뒤에 오는 이들이 좀 더 희망차게 나아갈 수 있도록 앞서 걸어가는 이의 소명을 다해야 한다.

오늘날 소명召命, calling은 종교적 의미를 뛰어넘어, '나' 그리고 '우리'가 살아가는 이 세상을 조금 더 아름답고 희망차게 변화시키려는 노력과 헌 신을 뜻한다. 따라서 '나'라는 개인의 행복과 성취를 넘어 직업인으로서 의 소명을 다하고, 사회와 국가 등 공동체 구성원으로서의 소명을 다할 때 비로소 오늘보다 더 나은 내일이 오고, 세상은 더 살기 좋은 곳으로 변화되어 갈 것이다.

내가 30년 넘게 연변과기대와 평양과기대를 통한 교육 사역을 하고, 동북아공동체 사역과 청년들의 창업을 돕는 사역을 하는 것도 뒤이어 올 이들이 더 나은 세상에서 살았으면 하는 마음에서다. 그리고 이는 막연한 바람이 아닌, 앞서 나아가는 사람으로서 청년들을 위해 반드시 행해야 할 나의 소명이다. 북한 청년들을 품고 그들의 성장을 돕는 것 또한 다가올 동북아시대에 우리 민족이 주역이 되는 바탕을 닦는 일이다. 또 동북아시역의 발전과 평화를 위한 활동들 역시 궁극적으론 미래지향적인 국제협력과 경제영토 확장을 통해 우리 청년들에게 더 많은 기회를 만들어주기 위해서다.

"한반도를 동북아의 중심축이 되는 나라로 만든다."라는 분명한 꿈과 목표, 그리고 그것을 이루려는 사명감이 없었다면 나는 기업가로서의 개인적인 풍요와 성공에만 안주했을지도 모른다. 나 개인의 성취를 뛰어넘는, 더 큰 사명감과 소명의식이 있기에 일흔이 넘은 나이에도 지치지 않는 열정으로 더 나은 내일을 여는 일에 힘을 보태고 있다.

감사의 길을 걸으며 희망의 길을 닦자

지난 2020년부터 나는 북한과 중국, 러시아 3국의 접경지인 러시아의 하산 지역에 국제공항의 건설을 기획하고 추진 중이다. 이는 두만강 유역을 중심으로 '환동해권 국제협력 플랫폼 구축'이라는 목표를 달성하기 위한 단계적 전략 중 하나이다.

두만강 유역을 중심으로 '환동해권 국제협력 플랫폼 구축'을 목표하게 된 데는 30년이 넘는 긴 세월을 이어온 내 삶의 분명한 목적과 사명감이 그 바탕에 자리하고 있다. 연변과기대의 건축공사가 한창이던 1991년 9월에 나는 처음으로 두만강 유역에 있는 방천 전망대에 올랐다. 고구려와 발해의 진취적 기상과 용맹함, 일제강점 시절의 목숨을 내건 독립의 소명까지, 우리 선조들의 오랜 발자취가 선명히 남아있는 그곳을 내려다보니 내 안에선 민족주의적 감흥이 뜨겁게 벅차올랐다.

그렇게 두만강과 첫 인연을 맺은 후 나는 여러 차례 그곳에 오르며 인생의 후반전을 이끌어갈 거대한 꿈과 목표를 세우게 된다. 고구려와 발해 시절의 물리적인 영토를 회복할 수는 없겠으나 한반도가 동북아의 중심축으로 우뚝 선다면 경제적 영토회복은 충분히 가능하다는 희망이 생겨났다. 이러한 희망을 바탕으로 "한반도를 동북아의 중심축이 되는 나라로 만든다."라는 분명한 꿈을 품었고, 30년이 넘는 세월 동안 그것을 향해 나아가고 있다. 연변과기대와 평양과기대 사역을 통한 글로벌 인재 양성, 두만강 유역을 중심으로 하는 '동북아 자연경제권'** 공생사회 건설 또한 나의 꿈을 완성할 실천적 목표 중 하나이다.

나는 북·중·러 3국 접경지역인 두만강 유역과 연해주를 잇는 이 지역

---

* '동북아자연경제권'은 버클리대학 스칼라피노Robert Scalapino 교수가 1980년대 말 중국의 개혁 개방과 함께 동북아 소지역sub-region 개발에 대한 개념적 틀로서 제시한 것이다.

이 동북아 시대 새로운 역사발전의 기반을 형성할 최적지가 될 것을 확신한다. 더불어 동북아 초국경 경제공동체에서 우리나라가 중심적인 역할을 할 것은 물론이고, 나아가 남북한 통일의 첩경이 될 것 또한 믿는다.

실제로 1992년에 두만강개발위원회는 유엔개발계획UNDP, UN Development Programme의 지원으로 동북아국가들의 국제경제특구 개발계획인 '두만강개발계획TRADP'을 수립하여 단계별 개발을 추진했다. 그런데 지정학적으로 각국의 이해관계와 안보문제가 첨예하게 걸려있는 지역이라 답보상태를 거듭하게 되었다. 이후 2005년에 중국, 러시아, 북한, 한국, 몽골로 확대한 광역두만강개발사업GTI이 의욕적으로 출범했으나 이 또한 북한의 탈퇴, 각국의 이해관계 충돌 등 여러 이유로 유명무실해진 상태이다.

접경국가인 북한과 러시아, 중국은 저마다 3국 협력의 필요성을 외치면서도 자국 중심의 한계를 뛰어넘지 못하고 있다. 이런 상황에서 한국이 '게임 체인저'로 파고들어 모두를 만족하게 하는 새롭고도 강력한 출구를 찾아야 했다. 이에 내가 이사장으로 있는 '동북아공동체문화재단'에서 '환동해경제권 소지역sub-region 국제협력개발사업'에 대한 기획과 추진에 앞장서게 된 것이다.

동북아공동체문화재단은 기존계획을 뛰어넘는, 모두가 만족하면서 더 큰 성과를 창출하는 방안을 제안했다. 간략히 설명하자면, '다단계 외교전략'으로 각국의 리스크를 최소화하고 상호이익을 다각화하며, 러시아 연해주 하산 및 포세이토만 일대를 스마트형 신산업도시로 선제개발한 후 나진·선봉북한과 훈춘중국을 묶어 단계별로 지역특성에 맞게 연쇄개발하여 시너지를 창출하는 방안이다.

3국의 접경지인 러시아의 하산지역에 국제공항가칭 '극동공항, Far East Int'l Airport'을 건설하는 것은 이러한 비전과 목표를 달성하기 위한 첫 시작점이자, 개발의 물꼬를 터줄 키 플랜Key Plan이다. 이후 항만, 철도, 공항이 동시 연결되는 3국간 복합터미널형 플랫폼 구축을 통해 두만강 유역 일대가 동북아 지역 교통과 물류유통의 중심지가 되는 것은 물론이고, 이 지역이 장차 북극항로와 연결되면서 21세기를 리드할 초대형 스마트형 신산업 벨트로 육성되어 동북아 공동번영을 위한 신경제 발판이 될 것이다.

물론 이것은 하루아침에 이루어질 수도 없고, 나 혼자 이룰 수도 없다. 그래서 뜻을 함께하는 많은 이들과 에너지를 모으며 힘차게 길을 만들어가고 있다. 나는 이 원대한 꿈에 더 많은 이들이 동참해주길 희망한다. 그리고 무엇보다 이 땅의 청년들이 당장 눈앞의 성패가 아닌 미래의 희망을 바라보며 함께 나아가길 소망한다.

먼저 간 이가 만들어놓은 길을 감사하며 나아가듯이 뒤이어 올 이를 위한 희망의 길을 만드는 것 또한 우리 모두의 소명이다. 이런 겸허한 사명감과 소명의식이 모여 더 아름답고 희망찬 세상을 열어갈 것이기에, 지금 내딛는 이 한 걸음에도 함께 가는 이와 뒤이어 올 이를 위한 배려와 헌신이 한 마음으로 오롯이 담겨야 할 것이다.

나를 넘어 우리를, 현재를 넘어 미래를

나는 지난 2021년 3월에 평양과학기술대학의 3대 총장으로 임명되었다. 막중한 책임이 따르는 자리임을 알기에 3대 총장으로 내정되었다는 소식을 들었을 때 마냥 반가워할 수만도 없었다. 그럼에도 이 또한 내게 주어진 소명이기에 최선을 다해 힘껏 나아가리라 다짐했다.

오래전 성경에서 "깊은 곳에 가서 그물을 내려라."시던 예수님의 말씀을 접하며, 내게 '깊은 곳'은 어딜지 곰곰이 생각해 보았다. 깊은 묵상의 끝에서 내게 깊은 곳이란 '북한'이 아닐까 하는 생각이 들었다. 나는 전쟁의 아픔을 겪은 세대로서 민족 통일에 이바지해 한반도의 평화와 화합을 이끌어야 한다는 사명감도 크다. 그리고 무엇보다 남북의 청년들이 머리를 맞대고 힘을 합쳐 동북아는 물론이고 세계무대의 주역이 되도록 길을 만들어주어야 한다는 책임감도 크다.

이렇듯 북한은 나에게 반드시 풀어야 할 숙제이며 소명이다. 물론 나 혼자의 힘으로 평화 통일을 이루고 남북의 청년들을 세계무대의 주역으로 우뚝 세울 수는 없을 것이다. 그러나 나와 너, 우리의 힘이 보태진다면 바라던 그 날을 더 앞당길 수 있으리란 희망은 있다. 이런 희망이 내 안의 사명감을 이끌고 포기하지 않는 걸음을 내딛게 해준다.

평양과기대의 설립 목적은 비단 '글로벌 인재 양성'에만 있지 않다. 글로벌 인재로 성장한 남북한의 청년들이 남북교류와 협력, 소통을 이끌며 한반도통일과 동아시아 평화에 기여하고, 나아가 세계무대의 주역이 되도록 이끄는 것이 평양과기대의 설립 목적이다. 이러한 목적이 달성되기 위해서는 무엇보다 그곳에서 공부하는 학생들의 마음을 여는 것이 중요하다. 그들의 생각과 마음이 글로벌로 향해야 진정한 국제화 인재가 될 것이며, 민족화합의 필요성도 느낄 것이기 때문이다.

대학의 설립을 기획하고 이끌며 나는 평양과기대가 이러한 설립 목적을 잘 이루려면 어떤 큰 목표를 세워야 할지, 학교를 목적에 맞게 발전시켜 나갈 중심 기둥은 무엇일지를 늘 생각했다. 고심 끝에 나온 결론은, 솔로몬 성전의 두 기둥처럼 '교학敎育의 기둥'과 '지식산업복합단지'의 기둥을 세우고, 그 위에 민족 동질성 회복의 모자를 씌우는 일이었다.

2009년 개교 이후 10여 년이 흐르는 동안 교학의 기둥은 나름 탄탄하게 세워진 듯하다. 카이스트의 도움으로 학과 커리큘럼을 짜고, 외국 유명 대학의 실력 있는 교수들을 모셔와 수준 높은 교육을 제공했다. 무보수 자원봉사로 헌신해준 교수들 덕분에 많은 졸업생들이 세계 유명 대학의 대학원으로 유학을 갔고, 그곳에서 우수한 성적과 성과를 창출하며 학교를 국제화시켜 나가는 데 중요한 역할을 했다.

한편, 다른 하나의 기둥인 '지식산업복합단지'의 목표는 10년이 넘도록 아예 손조차 대지 못하고 있었다. 건설적이고 창의적인 계획을 세워도 예산이나 규제의 문제로 매번 발목이 묶이고, 엎친 데 덮친 격으로 근래엔 코로나 팬데믹까지 큰 걸림돌이 되다 보니 산학 협력의 기틀을 만들기가 힘들었다. 그러나 험난한 장애가 가로막혀 있다고 해서 소명을 미룰 수는 없기에 나는 위기를 기회로 만들어보자는 생각으로 다양한 시도를 하는 중이다. 그중 하나가 신기술 산학협력 연구단지 조성에 필요한 메타버스 공학교육 시스템의 도입이다. 포스트 코로나 시대에 능동적으로 대응하고 디지털 세상에 적극적으로 동참하는 교육환경을 만듦으로써 암울한 현실을 뚫고 희망찬 미래를 준비하기 위해서다.

북한 청년들에게 우수한 교육을 제공하고 산학 협력으로 세계무대로의 진출을 돕는 것은 한반도 평화 통일의 초석이자 우리 민족이 세계무대의 주역이 되기 위한 바탕을 닦는 일이다. 또 여기에 앞서 말한 '환동해권 국제협력 플랫폼 구축'까지 달성된다면 남북의 청년들이 더 넓은 곳에서 꿈을 펼치고 역량을 발휘할 수 있다.

"눈앞의 것을 보기 때문에 멀미를 느끼게 되는 것이다. 몇백 킬로미터 앞을 보라."

소프트뱅크 손정의 회장은 "세상을 바꾸는 위대한 비전은 멀리 보는 습관에서 나온다."라고 했다. 나는 이 말을 이 시대를 살아가는 청년들에게 꼭 해주고 싶다. 가뜩이나 힘겨운 취업난에 코로나 위기까지 겹쳐 사방이 꽉 막힌 듯 막막하고 절망스럽겠지만, 그럴수록 더 넓은 곳을 바라보며 스스로 기회를 만들어가야한다.

꿈과 목표를 대한민국에만 한정 지어서는 안 된다. 디지털 기술의 발달로 국가 간의 물리적 거리도 더는 장벽이 되지 않는다. 윈-윈의 전략이 바탕이 된 국가 간 경제협력으로 정치적 이념마저도 걸림돌이 되지 않는 세상이 왔다. 3포, 5포, N포라며 한탄하고 절망할 것이 아니라 우물 밖으로 나가 세계를 무대로 더 큰 꿈을 펼쳐나가야 한다. 앞선 세대들이 먼저 나아가며 열심히 길을 만들고 있으니 청년들 또한 큰 뜻을 품고 창의적인 도전을 하며, 함께 희망찬 미래를 만들어 가야 한다.

코로나 팬데믹 위기까지 겹쳐 더없이 절망적이고 암울한 시기이지만, 해뜨기 전이 가장 어둡다는 말처럼 지금이야말로 더 큰 희망을 바라보면서 거대한 전환을 일으켜야 할 때이다. 남북한을 잇는 철도가 연결되고 두만강 유역 일대에 대규모의 국제산업단지가 형성되면 한반도와 중국 동북3성, 러시아 연해주가 초국경 광역경제권으로 연결된다. 그리고 그 모든 접경지역이 한반도의 미래 경제영토가 되어 청년들의 삶의 무대이자 꿈의 무대가 될 것이다. 그러니 누군가 그 무대를 만들어주길 앉아서 기다릴 것이 아니라 함께 그 안으로 뛰어들어가 창조적 도전을 통해 희망의 무대를 내 것으로 만들며 꿈을 펼쳐나가야 한다.

이는 막연한 바람이나 근거 없는 희망이 아니다. 일본과 중국과 러시아 사이에 한반도가 있기에 우리가 전체 동북아 지역에 교통의 요충지가 된다. 교통은 곧 물류와 연결되기에 물류의 요충지도 된다. 이후에 북극항로가 열린다면 한반도가 아시아존에서 유럽에 이르는 가장 짧은 경로의 중심 기지가 된다. 이렇듯 우물 밖으로 시선을 돌리면 세상의 큰 흐름을 볼 수 있는 '문 샷 싱킹Moon Shot Thinking'으로서의 시각을 갖추게 될 것이다.

세상은 넓고 기회는 무한하다. 날개를 펼쳐 날아오르기 전까진 아무도 제 안에 얼마나 힘찬 날개가 있는지 모른다. 그러니 두려움 없는 도전을 통해 내 안의 역량을 끌어내고 더 많은 기회를 만들어보자. 나는 이 땅의 모든 청년이 '나'를 넘어 '우리'를 생각하고 '현재'를 넘어 '미래'를 생각하는 큰 뜻을 품고, 창의적이고 열정적인 도전을 하며 더 희망찬 미래를 만들어 나가길 소망한다.

원대한 꿈을 품고,
인생의 가장 위대한 모험을 해보자

올해 나는 일흔네 살이다. 나이는 숫자에 불과하다는 말로, 내가 노년의 시간을 지나고 있음을 부정하고 싶지는 않다. 대신 노년이라는 이유로 꿈까지 시들고 열정마저 사그라져야 한다는 생각은 하지 않는다. 오히려 노년의 나이에도 나는 청년 못지않은 열정으로 쉼 없이 나아가고 있다. 이루어야 할 꿈이 있고 반드시 해내야 할 소명이 있기 때문이다.

누군가에겐 이런 나의 삶이 숨 가빠 보이고 힘겨워 보일 수 있다. 손주들의 재롱이나 보며 편안한 일상을 보내야 할 나이에 이웃과 국가, 인류와 후대를 위해 무언가를 한다는 것이 사뭇 낯설게 느껴질 수도 있다. 평범한 기업가의 삶을 살아가며 나 개인의 평온과 성취만을 위했다면 나 또한 그리 생각했을지도 모른다. 그러나 나를 넘어 생각해야 할 많은 사람이 있고 이루어야 할 더 큰 가치와 목적이 있기에 힘든 줄도 모르고 달려왔다.

100세 시대에 70대는 아직 청춘이기도 하지만, 무엇보다 단 한 번뿐인 삶을 나 개인의 부귀와 영달, 평온함만을 위해 산다는 것은 무언가 많이 부족하고 아쉽다. 더군다나 기독교인의 한 사람으로서 종교적인 사명감과 소명도 있으니 미약한 나의 땀이 세상을 더욱 아름답고 희망차게 바꾸는 데 쓰이도록 힘을 보태는 것이다.

물론 결혼과 출산, 내 집 마련, 연애와 인간관계 등 많은 것을 포기해야 할 정도로 절박한 상황에 놓인 청년세대에게 나의 삶과 철학이 선뜻 와닿지 않을 수도 있다. 그럼에도 내가 이 책에서 끊임없이 '나'를 넘어 '우리'가 함께하는 더 큰 꿈을 품고, 창조적인 도전으로 그것을 이루어내기를 조언하는 것은, 삶은 눈앞의 성패로만 완성되는 것이 아니기 때문이다.

나는 청년들이 대한민국이라는 우물 안에서만 도전하고 경쟁하는 것이 너무나 안타깝다. 더군다나 그 과정에서 새로운 것을 창조하며 무대를 넓히는 것이 아니라 기존의 것을 서로 쟁취하려 제로섬 게임을 하고, 그로 인해 좌절하고 많은 소중한 것들을 포기하는 모습은 슬프기까지 하다.

꿈을 펼칠 무대를 우리나라로 제한해서는 안 된다. 가까운 동북아는 물론이고 유럽과 미국 등 전 세계를 무대로 활용해야 한다. 그러기 위해서는 누가 길을 열어주고 닦아주길 기다릴 것이 아니라 먼저 나아가며 만들어야 한다. 과감히 우물 밖으로 탈출도 해보고, 절벽 아래로 뛰어내리며 스스로 날개도 펼쳐보아야 한다. 이런 용기 있는 도전을 통해 더 많은 가능성을 찾고 창조해야 한다. 동북아지역만 하더라도 교통이나 물류뿐만 아니라 디지털 통신, 블록체인, AI와 같은 신기술이 도입됨으로써 창업이나 취업의 기회가 더 많이 창출될 것이다. 미리 준비하고 두려움 없이 도전하며, 반드시 해내고야 만다는 사명감만 있다면 누구든 그 기회를 잡고 세계무대의 주인공이 될 수 있다.

나는 이 책이 전하는 'D·R·E·A·M'의 메시지를 통해 이 땅의 모든 청년이 '나'를 넘어서는 원대한 꿈을 품고, 인생의 가장 위대한 모험과 창의적인 도전을 해보려는 용기가 생겨나길 희망한다. 그리고 꿈과 목적을 이루는 과정에서 선한 영향력을 만들어내어 더 많은 이들에게 희망을 주고 힘이 되어주길 기원한다.

더 큰 꿈을 품고 더 큰 목적을 따르며 인생을 헌신적이고 열정적으로 살아간다면 혼자만의 성취가 아닌 함께 이루는 성취를 이끌 수 있다. 게다가 이는 혼자 이룬 성취보다 훨씬 더 값지며 내 개인의 삶 또한 더 풍요롭고 훌륭하게 채워질 수 있다. 나로부터 출발했으나 나를 뛰어넘어, 이웃과 세상과 나라와 인류를 위하는 아름다운 꿈을 품고 이루어나가는 것! 이것이야말로 위대한 성공을 꿈꾸는 모든 이들의 진정한 소명이 아니겠는가.